CURSO INTENSIVO SOBRE O AMOR

STEVE WARD E JOANN WARD

CURSO INTENSIVO SOBRE O AMOR

SEXTANTE

Título original: *Crash Course in Love*

Publicado mediante acordo com Gallery Books,
uma divisão de Simon & Schuster, Inc.

tradução: Maria de Fátima Oliva Do Coutto
preparo de originais: Regina da Veiga Pereira
revisão: Gypsi Canetti, José Tedin e Natalia Klussmann
projeto gráfico e diagramação: Ana Paula Daudt Brandão
capa: Silvana Mattievich
impressão e acabamento: Yangraf Gráfica e Editora Ltda.

CIP-BRASIL. CATALOGAÇÃO-NA-FONTE
SINDICATO NACIONAL DOS EDITORES DE LIVROS, RJ

W232c

Ward, Steve
Curso intensivo sobre o amor / Steve Ward e JoAnn Ward [tradução de Maria de Fátima Oliva Do Coutto]; Rio de Janeiro: Sextante, 2012.
128p.; 14x21 cm

Tradução de: Crash course in love
ISBN 978-85-7542-750-7

1. Encontro (Costumes sociais). 2. Relação homem-mulher. 3. Companheiro conjugal - Escolha. I. Ward, JoAnn. II. Título.

11-8505 CDD: 646.77
CDU: 392.4

Rua Voluntários da Pátria, 45 – Gr. 1.404 – Botafogo
22270-000 – Rio de Janeiro – RJ
Tel.: (21) 2538-4100 – Fax: (21) 2286-9244
E-mail: atendimento@esextante.com.br
www.sextante.com.br

Sumário

Introdução
7

Encontros
12

Comunicação
48

Sexo
73

Progresso
85

Mantendo e preservando
106

Conclusão
114

Glossário
118

Introdução

Se todas as mulheres solteiras lerem este livro, minha mãe e eu vamos acabar sem emprego. Basta colocar em prática os ensinamentos contidos aqui para encontrar e atrair o homem certo, transformá-lo em namorado e estabelecer um relacionamento duradouro.

Minha mãe, JoAnn Ward, e eu, Steve, somos o que se chama de casamenteiros. Verdadeiros especialistas. Tudo começou há mais de 25 anos, quando mamãe promoveu o casamento de amigas e de vários membros da família. Foi quando ela se deu conta de sua vocação para Cupido e decidiu usar esse dom para ganhar a vida. Cresci observando minha mãe apresentar pessoas e formar, um atrás do outro, casais felizes. Sou testemunha da paixão que ela sente por unir pessoas.

Depois de me formar na universidade, passei o verão trabalhando na Master Matchmakers®, a empresa que ela criou, montando um arquivo de informações sobre nossos clientes e aprimorando o processo de seleção. Estávamos em 2002, e mamãe ainda arquivava documentos em pastas com retratos tirados com polaroides para o cadastramento e acompanhamento dos clientes! Àquela altura, os encontros pela internet tinham evoluído para os sites de encontros e a tecnologia evoluíra poderosamente na busca do par ideal.

Mas, se há algo que a tecnologia não consegue substituir é o atendimento pessoal, a intuição e a atenção aos detalhes. A maioria dos internautas se promove on-line, colocando as melhores fotos que tem – em geral bem antigas! As clientes também reclamavam conosco, dizendo que os homens que conheceram pela internet exageravam a respeito de seu sucesso profissional e mentiam sobre estado civil, altura, tipo físico, idade e outras coisinhas mais. Qualquer um pode montar um perfil na internet com uma foto atraente e obter relativo sucesso em marcar encontros, mas geralmente não é assim que você conhece o parceiro dos seus sonhos.

Muitos solteiros usuários de sites de relacionamento têm como objetivo apenas encontros casuais, e não necessariamente relacionamentos, enquanto os homens que representamos colocam o relacionamento como prioridade. Fornecemos às nossas clientes não apenas a oportunidade de encontrar um possível par, selecionado a dedo, mas acompanhamento, orientação e conselhos necessários para despertar o amor e estabelecer um relacionamento duradouro.

Na juventude, meus pais me ensinaram que o diálogo, o respeito e a confiança constituem a base de um bom relacionamento. Ao longo do tempo, aprendi a usar esses princípios para solucionar os problemas que frequentemente dificultam a relação entre os pares. Em 25 anos de trabalho, fizemos mais de cinco mil entrevistas e promovemos mais de 25 mil encontros. Aguçamos nossa percepção, aprimoramos nosso talento e evoluímos de simples consultores para verdadeiros especialistas em encontros. Começamos a aparecer cada vez mais na televisão e, em 2007, alguns produtores de reality shows em Los Angeles sugeriram que criássemos nosso próprio programa.

Existem muitos programas de encontros, mas nenhum que mostre uma perspectiva masculina. Em nosso programa, selecionamos oito mulheres com hábitos amorosos destrutivos e as convidamos para virem a Los Angeles e dividirem uma casa, onde as treinamos intensamente. Tivemos dois meses para ajudar essas mulheres a lidar com a enorme lista de problemas que arruinavam sua vida amorosa. Entre elas, havia a Srta. Exigente e Não me Toques, a Autoritária e a Submissa. Nenhuma delas estava preparada para um relacionamento de sucesso. Então nós as treinamos usando uma série de desafios para ensiná-las a superar problemas que acabavam gerando encontros desastrosos e relacionamentos que não davam em nada.

Começamos a primeira fase com um exercício destinado a mostrar como os homens são ligados ao visual e como tiram conclusões com base no primeiro olhar. (A partir das primeiras impressões, eles são estimulados ou desestimulados a se aproximarem de uma mulher.) Depois dessa constatação cruel, elas enfrentaram vários outros desafios. Cada uma aprendeu importantes lições sobre comunicação verbal. Por exemplo, o que os homens consideram excesso de extroversão e o que é uma comunicação adequada. Nas aulas sobre sexo, mostrávamos, entre outras coisas, como ser sexy sem se tornar vulgar.

Mamãe e eu trabalhamos com as mulheres tanto em conjunto quanto individualmente. Selecionamos pares para elas e as mandamos para o campo de batalha equipadas para aproveitarem ao máximo suas oportunidades. Algumas mulheres tinham iniciado relacionamentos ao fim do trabalho, outras não. Mas todas aprenderam lições valiosas capazes de fazê-las obter mais sucesso em suas tentativas.

Com frequência, durante o treinamento, as mulheres ouviram coisas que não queriam. Aprender a se conhecer melhor e ter consciência de que viver não é fácil pode ser um processo emocional doloroso, mas é essencial se você quiser encontrar o homem certo. Fazemos questão de dizer a verdade, mostrando às clientes o que talvez não gostem de ouvir, mas insistindo que é fundamental encararem a realidade se quiserem progredir.

Sobretudo, temos sincero interesse no sucesso de nossas clientes. Graças a muitos anos de experiência formando pares e orientando casais, podemos afirmar que aprendemos algumas coisas. Por isso, decidimos juntar neste livro todas essas dicas para que você possa usá-las como guia de referência. Talvez você seja solteira e esteja procurando um parceiro, talvez já esteja saindo com alguém ou mesmo namorando. Em qualquer um desses casos, essas dicas são princípios importantes que deverão guiá-la pelo resto da vida.

Há vários estágios no ciclo dos relacionamentos, desde identificar uma ligação em potencial até realmente iniciar uma. Não importa em que estágio você se encontre, é importante saber para onde pretende ir a fim de descobrir os meios de chegar lá.

O primeiro estágio consiste em encontrar alguém. Isso é bem simples. Você conhece um homem, conversa com ele, os dois planejam um novo encontro. A maioria das mulheres acha que encontrar o homem certo é a parte mais difícil para chegar a ter um bom relacionamento. De fato, pode ser intimidante. Muitas vezes o visual é decepcionante e a rejeição é sempre possível. Mas, com uma postura positiva e uma atitude despreocupada, esta pode ser, na verdade, a fase mais divertida na busca de um bom parceiro.

Em seguida, você começa a sair com a pessoa. Quando encontra um homem com quem acredita que pode vir a ter um relacionamento *sério*, o primeiro passo é sair com ele, marcando um encontro para se conhecerem melhor. Sair não é "ficar". É um primeiro estágio de descoberta no processo de construção de um relacionamento. Quando você já conhece suficientemente o parceiro, começa a falar dele com a família e os amigos e vai para um estágio mais avançado: o namoro. Vocês apresentam família e amigos e dão início a um processo de entrosamento. Definem a monogamia e a exclusividade e começam a fortalecer o compromisso. Aos poucos, aceitam ser responsáveis pela felicidade um do outro e por crescerem juntos, como casal e como pessoas que se comprometem.

O estágio final do ciclo é manter o relacionamento. Vocês amadurecem a relação e se concentram em torná-la estimulante, desenvolvendo interesses e atividades em conjunto que sejam prazerosos para os dois. O capítulo final para nós não é necessariamente o casamento, mas uma relação saudável, feliz, monogâmica, na qual duas pessoas estão determinadas a permanecer juntas. Acreditamos no casamento como uma instituição que ajuda a reforçar os laços, formar famílias, manter tradições e fortalecer a comunidade. Entretanto, casamento não é para todo mundo. Desde que você esteja num relacionamento sério, baseado em diálogo aberto, em respeito e confiança, consideramos que você alcançou o sucesso.

É para ajudá-la nesse caminho para o amor que oferecemos os princípios e conselhos capazes de guiá-la pelas trilhas mais importantes, visando encontrar alguém com quem possa construir um relacionamento saudável e feliz.

Encontros

As mulheres costumam dizer: "Não consigo encontrar um homem legal" ou "Não existem mais homens interessantes no mundo". Eu discordo. Há homens solteiros "legais" por toda parte e, tal como você, eles estão à procura de uma parceira que os faça felizes. Muitos se encontram em situações ou estágios de vida que os impedem de realizar seu pleno potencial e simplesmente ainda não encontraram a mulher certa, aquela capaz de ajudá-los a crescer.

A chave para o sucesso é mudar o modo como você vê a vida e abrir a mente para a possibilidade de encontrar alguém quando menos espera, num lugar totalmente imprevisível. Quando conhecer um homem que lhe desperte interesse, procure encontrá-lo de novo o mais breve possível. Isso exige troca de informações e iniciativa da sua parte.

Nos dias de hoje, tanto mulheres quanto homens devem ser espontâneos e não esconder os seus desejos. Os primeiros encontros fazem parte do estágio de descoberta na construção de um relacionamento. É o período em que você supostamente aprende mais sobre ele, mas também – o que é igualmente importante – em que ele pode conhecê-la melhor para que os dois saibam se têm ou não afinidades. O amor exige uma corrente alternada. Para despertar e gerar amor, a ligação deve fluir de ambas as partes. Uma ligação de mão única dificilmente funciona.

NÃO AJA DE MODO ESTRANHO. É claro que o conceito de "estranho" é muito subjetivo, mas há coisas que a grande maioria julga esquisitas. São comportamentos que afastam alguém com quem você saiu ou se encontrou socialmente pela primeira vez. Preste muita atenção sobretudo nos contatos iniciais, quando você ainda não conhece bem o outro. Lembre-se de que aquilo que é "normal" para você pode não ser para o seu par. Resista à tentação de, no início da relação, fazer comentários fora do comum, por mais que eles lhe pareçam engraçados ou interessantes. Seja espontânea, verdadeira, mas também prudente. Não levante temas polêmicos antes de conhecer melhor o homem com quem você está saindo. Isso pode provocar discussões que geram afastamento.

O PRIMEIRO PASSO para conseguir o que você deseja é saber o que quer de verdade. Não se trata de ser ultraexigente, mas apenas de saber exatamente o que procura – assim será muito mais fácil encontrar. Imagine-se olhando uma bola de cristal e vendo sua vida amorosa daqui a dois anos. Você é a única pessoa que pode transformar seu desejo em realidade, mas para isso é necessário tomar consciência do que espera de uma relação. Caso contrário, corre o risco de se perder. Comece concentrando seu foco nos objetivos imediatos, atingíveis. Depois estabeleça objetivos a longo prazo e crie um mapa em sua mente que sirva de guia para você obter a vida e o relacionamento que deseja, e não um qualquer. Há muitas formas de chegar ao destino, mas você precisa saber para onde quer ir antes de dar a partida.

SE VOCÊ ESTÁ em busca do homem certo, deve ter consciência de que homens solteiros interessantes estão por toda parte, muitas vezes em lugares onde você nunca pensou em procurá-los! Se vir alguém por quem se sinta atraída e achar que ele notou sua presença ou manifestou qualquer interesse, tenha simplicidade e autoconfiança suficientes para romper a barreira física e iniciar uma conversa com alguma pergunta casual. E não se esqueça de sorrir ao fazer isso. Tente. Geralmente funciona. Se não funcionar, dê meia-volta e vá procurar outra pessoa.

TENHA CERTEZA de uma coisa: você vai perder cem por cento das jogadas se não arriscar. Não vai perder nada se a tentativa fracassar; se não tentar, porém, vai ficar difícil encontrar o amor. Arrisque-se caso haja alguma chance de sucesso. Se vir um homem que a atraia, seja num bar, numa lanchonete, no restaurante do trabalho ou numa fila, puxe conversa, pergunte alguma coisa. O que você tem a perder? Talvez seja um homem fantástico – ou não, mas nunca vai descobrir se não tentar. E, se o homem não reagir com simpatia, convença-se de que foi ele quem saiu perdendo.

SER SOLTEIRA e estar à procura de um relacionamento é uma guerra em que se enfrenta uma nova batalha a cada dia. Cada encontro tem que ser cuidadosamente planejado. Se não tiver qualquer perspectiva – já pediu a todas as amigas e amigos que lhe apresentassem alguém, sem resultado –, você precisa abrir novas frentes. Inscreva-se em atividades recreativas ou culturais, participe de excursões, entre de sócia em um clube. Tente frequentar cursos, mudar de academia, trabalhar como voluntária, fazer compras em shoppings e supermercados diferentes, descobrir uma atividade que possa ser realizada em grupo. Monte uma estratégia para vencer o desafio e vá em frente!

PROCURE SEMPRE mostrar-se calma, simpática e controlada quando estiver com um homem. Mesmo que esteja sentindo ansiedade, nervosismo ou timidez, tente controlar-se e agir com naturalidade. Se demonstrar nervosismo, irá contagiar seu par ou afastá-lo. Se der a impressão de estar à vontade e descontraída, ele vai se sentir do mesmo jeito. Tente sempre passar uma boa energia.

Conheça seu público. Cuidado com o que diz e quando diz. Como já sugeri, procure não discutir temas controvertidos ou delicados com alguém que acaba de conhecer. Evite falar de religião, relacionamentos passados, sua situação financeira ou qualquer assunto negativo. Afinal, você ainda não tem a menor ideia de como ele se sente a respeito desses assuntos.

Por isso, nesse estágio, é importante mantê-los a distância. Espere até conhecer melhor seu par. Se acidentalmente você despertar uma reação negativa ao tocar em algum tema delicado, mude logo de assunto. Ouça-o com muita atenção e mencione algum comentário que ele tenha feito anteriormente para demonstrar seu interesse. Se ele falar sobre algum problema que o esteja preocupando, na próxima vez em que estiverem juntos pergunte como a questão evoluiu. Pergunte com delicadeza e discrição, sem ultrapassar limites.

Ele vai gostar de perceber que você o ouviu com atenção e que se solidarizou com suas preocupações. Pode ter certeza: demonstrar interesse e atenção causa um tremendo efeito.

OS HOMENS GOSTAM de um bom desafio. Faz parte de sua natureza. Adoram a excitação da caça. Por isso não ceda logo, faça-o esforçar-se para ter sua companhia. Mas tudo na justa medida, caso contrário ele pode se cansar e acabar desistindo. Se o homem realmente estiver interessado, fará o possível e o impossível para vê-la. Mas tenha plena consciência de que, quanto mais esforços forem necessários para que ele a conquiste, mais ele vai esperar em troca. Essa técnica é uma faca de dois gumes: quanto mais ele lutar, maior será o prêmio esperado. Assegure-se de que será capaz de corresponder às expectativas que cria, caso ele corresponda às suas.

MENOS É MAIS. Essa é uma sugestão prática que se aplica a vários aspectos no mundo dos encontros, mas principalmente à maquiagem e ao perfume. Nenhum homem que conheço quer sair com uma mulher que, ao acordar de manhã ou ao sair do chuveiro, seja totalmente diferente daquela com quem ele esteve na noite anterior. Assim, não exagere na maquiagem. O mesmo se aplica ao perfume – não deixe o rapaz com dor de cabeça ou com uma crise alérgica. Seja discreta ao usá-los. Mamãe sempre aconselha as mulheres que estão se arrumando para sair com um homem pela primeira vez – ou pela quinquagésima – a passar hidratante nas pernas depois de raspá-las, a não reforçar excessivamente as sobrancelhas, a não usar lápis para contornar os lábios (não interessa o que a vendedora de maquiagem tenha dito) e, em hipótese alguma, passar algo que deixe o corpo brilhando!

USE UMA ROUPA apropriada para a ocasião. Se não tiver certeza do programa que vão fazer e do lugar aonde vão, simplesmente pergunte. Você não vai querer se produzir toda achando que jantará num restaurante sofisticado quando o programa é comer hambúrguer e passear no parque. Além da inadequação, seria torturante fazer uma longa caminhada com saltos altos. A maioria dos homens não dá a menor importância a roupas de grife nem a bolsas de estilistas famosos. Se uma roupa ou sapatos desse tipo a ajudam a se sentir poderosa e confiante, use-os quando tiver certeza de ser o modelo ideal para o encontro. De um modo geral, os homens gostam de ver as mulheres usando roupas que simplesmente realçam o corpo, combinam, enfeitam e não são muito extravagantes nem chamativas.

APRENDA A RIR de si mesma. Ninguém quer sair com uma mulher que se leva muito a sério. O objetivo de um relacionamento é aprimorar tanto a sua vida quanto a de seu parceiro. Um relacionamento deve tornar a vida melhor, mais leve, trazendo novas alegrias e divertimentos.

O homem com quem está saindo vai perder rapidamente o interesse se você estiver sempre preocupada, agindo de maneira negativa e falando de problemas. Não se concentre no dia horrível que enfrentou no trabalho, no idiota do seu chefe ou na doença de sua avó. Ninguém quer conviver com uma pessoa que carrega uma nuvem negra sobre a cabeça. A melhor maneira de atenuar uma situação negativa é torná-la engraçada. Seja positiva, seja alegre e não tenha medo de rir!

NÃO SEJA NEUTRA. É claro que você tem opinião sobre as coisas. Não são verdades absolutas, mas fale o que você pensa e sente a respeito de qualquer assunto, mesmo que sejam dúvidas. Concordar sempre com um homem não vai fazê-lo sentir-se mais atraído por você. Sair com uma mulher que diz amém a tudo o que o outro diz é um tédio. Seja você mesma. Diga a sua verdade tranquilamente e ouça com o maior interesse o ponto de vista dele. É possível que você discorde do seu par, mas faça isso com serenidade, não como quem quer impor a própria verdade, mas como quem deseja um debate proveitoso para ambos. Não deixe a conversa se transformar numa discussão agressiva. Seu objetivo não é ganhar a parada, mas estabelecer um relacionamento feliz. Use de bom humor e mantenha a conversa em tom espirituoso e leve. As palavras podem ser facilmente distorcidas, ainda mais entre um homem e uma mulher que estão começando a sair e a se conhecer. Ambos vão sentir-se tentados a demonstrar inteligência ou conhecimento acerca de determinado assunto para impressionar o outro. Você pode fazer isso sem provocar uma briga. Lembre-se: é sempre positivo ter debates amigáveis. Discussões são sempre negativas.

DÊ SEMPRE O MELHOR DE SI. Muitos homems usam uma escala de 1 a 10 para "avaliar" uma mulher ou descrevê-la para alguém. É claro que essa atitude é frívola e superficial, mas tente vê-la sob outro prisma. É uma escala móvel que varia de acordo com a visão de cada um. Os homems veem essa escala da seguinte maneira: 7 é para a mulher que eles levariam para a cama por uma noite; 8 é para aquela com quem gostariam de sair e apresentar aos amigos; e 9 é para a que apresentariam à família. Está bem, vou ser sincero: ninguém merece 10, porque todos nós temos falhas. Por outro lado, um homem que você classificaria como nota 9 pode receber 8 de sua amiga. A escala é subjetiva. É bem possível que algum dia você já tenha se perguntado: "O que será que ele vê nela?" Bem, seu 6 pode ser o 8 dele. As perspectivas das pessoas são diferentes. Esses números não se baseiam apenas em sua aparência física (a não ser que ele não tenha tido a chance de conversar com você). Sua personalidade e sua maneira de ser também são fatores importantes. Mudando a impressão causada em um homem, você pode mudar sua colocação na escala. Procure ser a garota nota 9 do seu eleito. Sua avaliação pode subir aos olhos masculinos se você aceitar de coração esse conselho e seguir esses princípios. A maleabilidade da escala é o que faz nossa agência funcionar: as mulheres chegam ao nosso campo de treinamento totalmente despreparadas para um relacionamento, mas depois de trabalharem comigo e com mamãe estão prontas para encontrar o amor. Elas sobem na escala.

TOME UM GOLE e não um porre. Quando um homem vê uma mulher entrar num bar como se fosse um furacão, entornando como se não bebesse há cinco anos, a única coisa que pensa é que ela vai ficar um lixo e provavelmente alguém vai precisar levá-la para casa no final da noite. Preste atenção: quanto mais você beber, menos respeito ele terá por você. Depois de vários drinques, as chances de começar a falar de sua vida íntima aumentam. Mantenha-se no controle. Mesmo que não beba demais, exercite a cautela. Os primeiros encontros devem ser divertidos, mas é preciso beber com moderação para não passar da conta e, provavelmente, fazer coisas das quais venha a se arrepender mais tarde.

TENTE DESTACAR-SE. Não fique parada como um enfeite. Saia da imobilidade. Encontre um meio-termo entre a louca escandalosa e a tímida chata.

O papel da mulher mudou. Hoje em dia, se quiser encontrar um homem legal, você deve chamar a atenção da melhor maneira possível. Isso tem a ver com a lei da seleção natural. É o processo pelo qual os indivíduos com traços marcantes que lhe permitem ser bem-sucedidos na competição por um parceiro têm mais chance de sobreviver e reproduzir em maior número, garantindo a perpetuação de traços favoráveis ao longo das gerações.

Quando se trata de encontros, sobretudo em cidades densamente povoadas como Nova York, apenas as pessoas mais adaptadas às condições terão capacidade de obter sucesso. Portanto, procure destacar-se. Isso não significa ser escandalosa, arrogante ou exibicionista, nem fazer esforços óbvios para chamar a atenção. Há muitas formas positivas de atrair a atenção masculina. E muitas vezes nem é necessário falar.

A linguagem corporal é tão importante quanto o estilo pessoal e a comunicação verbal. Se você quiser chamar a atenção de um homem, procure fazer contato visual. Não o encare nem o deixe pensar que está tentando provocá-lo, mas o contato visual é essencial para iniciar a aproximação.

Sorria o máximo possível e esteja consciente disso. Se estiver numa sala com um homem por quem sente interesse, ou se entrar num lugar onde sabe que ele está, certifique-se de exibir um sorriso nos lábios.

Não se esqueça de andar com uma boa postura – mantenha a cabeça ereta, os ombros para trás, o peito empinado com naturalidade – e caminhe com confiança. Se andar de forma desengonçada ou com os ombros caídos, vai passar a impressão de cansaço ou infelicidade. Para atrair um homem, é preciso sempre projetar uma energia positiva, sem ostentação, da forma mais natural possível.

NÃO JULGUE um livro pela capa. Isso pode parecer estranho, porque os homens agem assim todo o tempo, mas eles são muito mais visuais do que as mulheres. Sempre foi dessa forma, porque coube aos homens tomar a iniciativa e a única coisa em que prestam atenção ao se aproximarem de uma mulher que não conhecem é a aparência.

Embora a sociedade tenha progredido bastante no que diz respeito aos papéis dos sexos, precisamos reconhecer que algumas das expectativas mais tradicionais ainda persistem. Então, quando se tratar da primeira impressão, tente não agir como muitos homens, ou seja, nada de julgamentos precipitados.

Caso esteja à procura de um parceiro ou saindo com um homem pela primeira vez, lembre-se de que você está apenas arranhando a superfície nesse primeiro encontro. Dê-lhe tempo para se revelar, em vez de analisá-lo e dispensá-lo nos dois primeiros minutos. As primeiras impressões são importantíssimas, mas não tire conclusões precipitadas. Permaneça aberta, receptiva e interessada.

No instante em que você se fechar e ficar na defensiva, ele terá a mesma reação. Digamos que você encontre um homem que apresente dois pontos negativos logo nos primeiros cinco minutos. Por exemplo: pode ser mais baixo do que o seu tipo ideal e você talvez *ache* que o salário dele é menor do que o seu. Não o dispense. Ele pode ser uma pessoa sensacional, e pode até vir a gostar muito de você e tratá-la com mais carinho e respeito do que um homem mais alto e mais rico. Ou talvez tenha mais dinheiro do que aparenta. Quem sabe ele tem garra e motivação para vir a ser muito bem-sucedido no futuro?

O fato é que, como você ainda não sabe, não deve fazer suposições. Isso é particularmente importante para mulheres que dizem gostar apenas de "certo tipo". Se você ainda está sozinha e acha que não tem tido sucesso com o tal tipo idealizado, talvez seja hora de mudar o tipo de homem que procura para sair. Seu verdadeiro amor pode vir num pacote desconhecido que você nunca esperou receber. Mantenha a mente aberta!

As MULHERES PODEM NÃO querer ouvir esta verdade, mas vou dizer assim mesmo: a maioria dos homens que conheci durante todos esses anos exercendo a função de consultor afirma que prefere sair com uma mulher benfeita de corpo, mas que não tenha um rosto especialmente bonito, do que com uma cujas feições sejam lindas, mas que esteja com excesso de peso. Essa tendência também decorre da lei da seleção natural já mencionada. Inconscientemente, os homens selecionam a mulher mais saudável. O princípio funciona para ambos os sexos, é claro – a maioria das mulheres não anda em busca de um homem com barriga de chope, assim como os homens não preferem as mulheres mais gordinhas. Entretanto, não há nada de errado com curvas mais acentuadas ou com uma barriguinha, desde que a pessoa se alimente bem, cuide da saúde e faça exercícios. Se você parece pouco saudável, é preciso tomar alguma providência. Sentir maior atração por uma pessoa saudável faz parte da natureza humana, e você deve ter consciência disso se está tentando encontrar o seu par.

Nunca busque elogios. Se um homem achar você bonita, ele vai dizer. Aja da melhor maneira possível e demonstre segurança. Quando estamos satisfeitos com o que somos, não precisamos de ninguém para reafirmar nossas qualidades. Se você sabe que está bem e bonita, irá notar a reação das pessoas que estão por perto. Mostre seus melhores atributos, principalmente os intelectuais, de uma forma simpática e tranquila, sem querer se exibir. Orgulhe-se de suas qualidades, sobretudo do seu intelecto. Mostre as suas qualidades ao homem com quem está, sem se preocupar em obter elogios. Caso contrário, ele vai considerá-la insegura, egocêntrica e carente.

NÃO SE SUBESTIME ou se humilhe. Não se desvalorize. Se um homem elogiá-la, aceite o cumprimento com alegria. Agradeça e retribua com outro elogio, se achar apropriado. Transmita uma imagem de confiança e autoestima. A insegurança é uma tremenda ducha de água fria: ele vai se perguntar por que você se sente insegura. Lembre-se: se ele fizer algum elogio, é porque está sendo sincero. A maioria dos homems é bastante simples: em geral eles só dizem o que pensam.

Uma dica de JoAnn: um simples "obrigado" é a melhor maneira de aceitar um elogio. Basta isso. Se alguém elogiar o seu cabelo, não diga: "Ah, não! Hoje ele está horrível. A umidade o deixou todo quebrado." Caso elogiem o vestido que está usando, nunca diga: "Eu sempre me sinto gorda com este vestido." Não exponha suas inseguranças. Se ele acha que você está bonita, agradeça! Se você disser que ele está enganado, é bem possível que ele não volte mais a elogiá-la. E não se esqueça de retribuir com outro elogio: "E eu adorei sua camisa. A cor fica ótima em você!"

NÃO SE VENDA BARATO. Se um homem parece interessado em você, não lhe dê razões para perder o interesse. Nos primeiros contatos, deixe sua bagagem de vida do lado de fora, ou guarde-a num compartimento debaixo do assento. Não vá despejando logo todos os seus problemas em cima dele. Se algum acontecimento negativo de sua vida surgir na conversa, mantenha um tom leve, mostrando o que aprendeu com a experiência e o que ela lhe trouxe de positivo. Preste atenção nesse conselho, pois ele é importante. Quando você começa a sair com um homem, procure concentrar-se na ideia de que o namoro tem chances de ir adiante, em vez de imaginar motivos para que não funcione. Não importa se vocês vivem em extremos opostos da cidade ou até mesmo em cidades diferentes. Não importa se você tem cachorros e crianças que a ocupam, ou se você é vítima de alergias, fobias, ex-marido ou membros da família intrometidos. Administre a situação de um modo que o leve a pensar: *Desse jeito é possível funcionar*, e não *É por isso que não vai dar certo*.

APROXIME-SE FISICAMENTE. Flertar nada mais é do que diminuir a distância física entre você e o outro, indicando seu interesse em aproximar-se ou convidando-o a aproximar-se de você. A aproximação é o segredo para demonstrar a alguém seu interesse. Inclinar-se de leve na direção dele demonstra que você está prestando atenção no que ele fala, tem interesse no que ele diz e sente-se à vontade com a proximidade física. Se ficar recostada para trás, com os braços cruzados, olhando em outra direção, é natural que ele pense que você não está a fim. Então flerte, pois flertar do jeito certo é muito sexy. Provoque-o de forma divertida e deixe evidente que se sente atraída sexualmente por ele. Quando chegar a hora, acontecerá. Estimular e desenvolver essa expectativa vai fazer com que a química funcione melhor. Comece concentrando-se no flerte, e quando vocês dois se sentirem confortáveis um com o outro a intimidade surgirá com naturalidade e será mais prazerosa para ambos. Eis aqui algumas dicas importantes sobre o melhor modo de flertar:

Cinco dicas de como agir ao flertar:

1. SORRIA. Nada melhor do que um sorriso para demonstrar que você está interessada nele. Se estiver feliz, ele também ficará feliz!

2. FAÇA CONTATO VISUAL. Fazer e manter contato visual demonstra seu interesse por ele e pelo que está dizendo e fazendo. Os olhos expressam tudo.

3. ELOGIE. Não há indicação mais clara de que você tem um interesse romântico em alguém do que um elogio.

4. ASSUMA O COMANDO. Conduza a conversa. Dê seu telefone se espera que ele ligue. Se você pretende ligar, peça o dele.

5. MANTENHA A NATURALIDADE. Se ele mostrar que não está disponível ou interessado em você, mantenha a pose e finja que nunca teve a intenção de flertar com ele.

Cinco dicas de como NÃO agir ao flertar:

1. NÃO FLERTE DE MANEIRA MUITO ÓBVIA. Seja sutil, mas deixe claro seu interesse. Não se imponha. Indicações sutis são o meio mais eficiente de deixá-lo saber que você está interessada e se sente atraída.

2. NÃO O ENCARE. É importante deixar o outro saber do seu interesse, mas é igualmente importante não deixá-lo constrangido.

3. NÃO EXAGERE. Um simples elogio tem efeitos bem mais positivos do que uma frase elaborada para impressioná-lo.

4. NÃO FLERTE COM OUTROS AO MESMO TEMPO. Se você fizer isso, vai deixá-lo confuso e desconcertado. Concentre-se em quem lhe interessa.

5. NÃO FINJA INTERESSE. Mantenha sinais consistentes que demonstrem seu interesse, a não ser que perceba que ele não corresponde. Se você começar flertando e depois demonstrar desinteresse, ele desistirá.

SE QUISER QUE ELE a beije, aproxime-se. Você não precisa se jogar em cima dele, mas envie sinais. Olhe-o nos olhos, olhe seus lábios. Os homens também ficam nervosos e, algumas vezes, tímidos. Em outras ocasiões, tornam-se excessivamente afoitos. Podem tomar a iniciativa rápido demais – ou devagar demais. Cabe a você guiá-lo, ajudando na aproximação ou controlando a força do seu impulso. Se for preciso, diga suavemente que ainda não é a hora certa ou mesmo que você não está interessada. Minha mãe me ensinou: "Você não pode culpar um homem por tentar, mas quando a mulher diz *não*, isso significa *não*."

Se o homem for tímido demais para beijá-la, você terá que tomar a iniciativa. Neste caso, é preciso certificar-se de que é isso o que ele deseja, para não sofrer uma rejeição. Procure interpretar sua linguagem corporal para saber se ele será receptivo. Mas, se ele não deu sinais de que está atraído por você, desista. É possível que um homem não tente ir para a cama com você na primeira semana, ou até no primeiro mês. Ele pode estar levando o relacionamento a sério e aproveitando para conhecê-la melhor antes de se tornarem íntimos. Não se precipite, apenas fique atenta e confie em seus instintos. P.S.: Tenha sempre uma bala de menta à mão.

DEIXE O PASSADO para trás. Você quer um homem que se encante com a mulher que você é hoje, não com aquela que ficou no passado. Em outras palavras, mantenha suas antigas experiências no lugar a que elas pertencem. Uma mulher com quem trabalhamos disse que revelara a um homem com quem tinha começado a sair que tinha sido dançarina de strip-tease. Foi um desastre. Ela já tinha superado completamente essa fase, mas causou uma péssima impressão. Não se trata de negar as coisas que você já fez, mas pense na reação do outro antes de se expor demais e colocá-lo para correr. Ele realmente precisa saber, no primeiro encontro, que você foi presa por se apropriar de uma calcinha em uma loja? Certamente, não.

NÃO HÁ ESPAÇO para "dois pesos e duas medidas" nos relacionamentos. Você conhece a expressão "não faça ao próximo o que não gostaria que fizessem a você". Isso se aplica perfeitamente aos relacionamentos. Se para você é inconcebível namorar um homem mais velho, por que imagina que um mais jovem desejaria namorá-la? Não exija dos outros algo que nem você mesma deseja ou faz. Se ganhássemos dez dólares cada vez que uma mulher nos diz que parece bem mais jovem do que na verdade é, estaríamos milionários. Discordamos dos relacionamentos entre mulheres maduras e homens jovens, porque em geral eles duram pouco tempo. Homens mais jovens saem com mulheres mais velhas por vários motivos. Entre eles, os principais são: 1º) as mulheres mais velhas são consideradas mais maduras, mais experientes e lidam melhor com a própria sexualidade do que as mais jovens; 2º) as mulheres mais velhas são mais seguras emocional e financeiramente, e em geral mais independentes do que as mais jovens; e 3º) as mulheres mais velhas na maioria das vezes não esperam que um relacionamento com um homem mais moço dure muito tempo, e por isso aliviam bastante a pressão que os homens normalmente sofrem das mais jovens.

SEJA POSITIVA e mostre-se em sua melhor forma. A maioria dos solteiros afirma que sabe, num piscar de olhos, se existe ou não "química". Alguns esperam para ver se a química se desenvolve com o tempo, mas as pessoas, invariavelmente, julgam as outras pela aparência. Por isso, é indispensável refletir sobre como os outros a veem e pensar um pouco sobre seu estilo e os sinais que envia. Certifique-se de que a imagem que projeta corresponde à maneira como você quer ser notada. Não espere que o homem a considere intelectual e séria se você está usando blusa justa, minissaia e sapatos com 12 centímetros de saltos transparentes. Quanto mais adequada, bonita e sexy você parecer aos seus próprios olhos, melhor a imagem que ele terá de você.

Como as primeiras impressões são as que ficam, capriche no impacto do primeiro encontro. É quase impossível mudar a sua imagem se a primeira impressão for terrível. Escolha a roupa com cuidado, cuide dos seus gestos e do seu comportamento. Aqui vão cinco dicas que você nunca deve esquecer quando encontrar um homem pela primeira vez:

1. Sorria. Mostre alegria e otimismo, sem euforia! Se você sorrir, ele provavelmente retribuirá o sorriso.

2. Ouça. Os homens gostam de notar que você se lembra de algo que disseram no encontro anterior. Nenhum homem quer sair com uma mulher que não presta atenção no que ele diz.

3. Concentre-se. Faça-o sentir que você está presente. Não fique examinando o celular para ver se recebeu alguma mensagem. Só existem dois motivos para se preocupar com o celular: ter deixado os filhos com uma nova babá ou precisar atender alguma ligação profissional urgente. Não há nada mais desestimulante e desrespeitoso do que uma mulher – ou um homem – que conversa ao celular na frente do seu par. Se fizer isso, é bem provável que ele se sinta ofendido e nunca mais a procure.

4. SEJA POSITIVA. Seja receptiva. Seja agradável. Se ele sugerir um restaurante que você ainda não conhece, aceite animada com a perspectiva de conhecer um lugar novo. Encontros são ótimas oportunidades para ampliar seus horizontes e experimentar coisas desconhecidas.

5. SEJA SEXY. Sexy para um homem significa ser confiante, engraçada e acessível. Se você se sente sexy, ele vai perceber e reagir. Deixe-o jogar todo o seu charme e depois decida se está interessada.

USE A LINGERIE de forma adequada. Há muitas mulheres que deixam o sutiã e a calcinha aparecerem por baixo da roupa. A maioria das vezes nem se dão conta! Você precisa prestar atenção. Quando os homens veem lingerie aparecendo, na mesma hora um sinal vermelho de alerta é acionado em suas cabeças. A imensa maioria vai pensar em sexo, o que vai fazer com que a mente de seu parceiro se desvie nessa direção. Se você não tem certeza de querer que o relacionamento tome esse rumo, fique atenta e dê à lingerie a função que ela tem. Se o relacionamento se desenvolver para um nível mais íntimo, a lingerie vai ter seu papel.

NUNCA SUBESTIME o poder do fator "Uau!". Se sabe tocar violão e tem uma bela voz, mostre seu talento. Se seu pai é policial e a ensinou a atirar, conte. Talvez você tenha crescido com irmãos fanáticos por futebol e entenda tudo do jogo. Esse tipo de coisa impressiona os homens. Não se trata de se exibir, mas apenas de mostrar as qualidades únicas que a distinguem de qualquer outra mulher. Lembre-se da lei da seleção natural. Se ele achar você especial e diferente das mulheres com quem costuma sair, terá mais interesse em aprofundar a relação.

MANTENHA SEMPRE A DIGNIDADE. Caso se sinta ameaçada por outra mulher, a última atitude a tomar é demonstrar seu sentimento para o homem com quem está saindo. Isso indica insegurança, o que é um péssimo ingrediente quando sua intenção é fazer com que ele a ache sexy e desejável. Por mais que você esteja chateada, mantenha a linha. Aqui vai uma sugestão: da primeira vez que vir os olhos dele se dirigindo na direção de outra mulher, mostre que você percebeu e diga-lhe, por exemplo, que acha divertido olhar alguém e imaginar como será a história de vida daquela pessoa. Pode até comentar como a mulher é bonita. Se o pegar agindo assim pela segunda vez, diga-lhe que isso a aborrece e peça-lhe que não o faça. Serenamente, sem qualquer agressividade. Se o fato se repetir pela terceira vez, volte a insistir no pedido, dizendo que imagina que ele não gostaria de vê-la olhando para outros homens. Mas, se os olhos dele continuarem irrequietos, é melhor se afastar e seguir seu rumo.

Comunicação

A comunicação é fundamental para iniciar, desenvolver e fortalecer uma relação. Sem comunicação não pode haver relacionamento. Há vários níveis e diferentes formas de comunicação, desde a eletrônica até a verbal e a linguagem corporal. Um simples mal-entendido pode ser desastroso para um novo relacionamento. Nos primeiros estágios, a comunicação clara, concisa e direta é fundamental. É muito fácil desestimular o outro quando se fala demais ou quando se fala muito pouco. As pessoas têm diferentes estilos de comunicação. Algumas se expressam abertamente; outras, ao contrário, preferem fazer sugestões. Algumas simplesmente não se comunicam, o que é mortal para qualquer relacionamento. Não perca tempo tentando interpretar o que o outro procura expressar.

Pedir que ele explique o que quis dizer é muito melhor que ficar imaginando coisas. Como mulher, o ideal é seguir o ritmo do parceiro, como quando dançam juntos. Se ele for meio tímido e reservado, não pense que deve preencher as lacunas da comunicação falando sem parar de si mesma. É melhor tentar estimular uma conversa sobre um tema que interesse aos dois do que começar a falar a primeira coisa que lhe vem à cabeça. Se for difícil fazer um homem falar, faça perguntas sobre o trabalho dele e sobre as razões que o levaram a escolher sua profissão. Em geral os homens gostam de falar do trabalho ou dos hobbies, de esportes e de atividades que os apaixonam fora do trabalho. A família também é um assunto relativamente fácil, mas, se começar a tocar em religião, política, relacionamentos passados ou temas desse tipo, você vai entrar em território perigoso. Nos encontros – não importa qual seja o estilo de comunicação que o outro demonstre –, à medida que a intimidade cresce, a comunicação vai se tornando mais aberta, descontraída, e os assuntos se diversificam. Mesmo num relacionamento de muito tempo, o diálogo é a ferramenta mais importante a ser usada para reforçar o vínculo entre vocês.

Nunca subestime o poder da intuição feminina e nunca superestime o poder da intuição masculina. Não espere que ele seja tão intuitivo quanto você. Na verdade, não espere que seu parceiro seja intuitivo. Se quiser saber algo a respeito dele, pergunte. Existem outros meios inteligentes de descobrir o que você quer saber. Pergunte a alguém que o conheça. Quando estiverem juntos, procure abordar o assunto no qual está interessada e conduzir a conversa gentilmente, sem agressividade. Se ele sentir que está sendo submetido a um interrogatório ou encostado na parede, vai fechar-se de imediato e colocar-se na defensiva. Se quiser descobrir o que um homem pensa sobre um tema delicado, vá aos poucos. Por exemplo, se você acha importante saber como ele se posiciona em relação à religião, pois uma incompatibilidade maior nessa questão pode trazer futuros problemas, não aborde o assunto diretamente. Comece a falar sobre coisas que gosta de fazer, como leitura ou cinema. Comente os livros que leu recentemente ou os filmes a que assistiu. Mencione um livro que trata de uma questão religiosa, como *O Código Da Vinci*, e fale de modo casual: "Não entendi muito bem certos aspectos porque não entendo do assunto. O que você achou?" Se houver alguma questão que a esteja perturbando ou causando insegurança, talvez seja melhor perguntar francamente o que deseja saber. Mas as perguntas diretas têm que ser feitas com cuidado, para que ele não se sinta acusado ou cobrado. Trata-se de um simples esclarecimento para evitar mal-entendidos. Respeite os limites dele e procure não tirar conclusões precipitadas que possam afastá-lo. Lembre-se: cada pessoa possui um ritmo e um tempo próprios e os homens não expressam seus sentimentos com facilidade.

Gestos têm mais força do que palavras. Aprenda a ler o outro como quem lê um livro. A linguagem corporal é fundamental no mundo dos relacionamentos. Prestar atenção e saber interpretar essa linguagem é importantíssimo para construir um relacionamento. Se os olhos do seu parceiro ficarem vagando, se ele olhar com frequência o relógio, se ficar verificando mensagens no celular, a atenção dele está dispersa. Para voltar a capturá-la, você precisa fazer ou dizer algo que o desafie ou desperte o interesse dele. Mude de repente o foco da conversa para um acontecimento no campo da política ou dos esportes, ou com um amigo em comum. Se ainda assim não funcionar, desista sem reclamar e espere uma próxima ocasião. Mas, se essa atitude dele ficar se repetindo, talvez seja melhor desistir de vez.

AO FINAL DE UM ENCONTRO, a maioria dos homens tenta algum contato físico – mesmo que não pretenda voltar a vê-la. Observe o abraço frouxo, o tapinha nas costas, os beijinhos no rosto ou o simples aperto de mão, pois são sinais de desinteresse. Um abraço apertado e caloroso é um bom sinal. Aqui seguem cinco indicações que a ajudarão a definir se um homem se sente fisicamente atraído por você:

1. Ele faz contato físico com você mais de uma vez durante o encontro, como, por exemplo, colocar a mão em suas costas quando abre a porta para você passar.

2. Ele mantém o contato visual durante todo o encontro e não se distrai facilmente.

3. Você o pega observando-a quando não estão conversando.

4. Ele se senta ereto, inclina-se na sua direção, com os braços descruzados.

5. Ele ri, sorri com frequência e repara quando outros homens a olham. Minha mãe sempre diz que, se ele lhe dá um abraço longo e apertado, é porque não quer deixá-la partir e está definitivamente interessado. Eu concordo em gênero, número e grau.

SEJA HONESTA SOBRE O SEU TRABALHO. Pode glamorizar um pouquinho se a atividade que você exerce não é assim tão fascinante, mas tenha consciência de que existe uma linha tênue entre a verdade e a mentira. Se você é recepcionista e exerce seu trabalho com competência, não diga que é secretária da diretoria. Não tenha vergonha do seu trabalho. O que você faz é menos importante do que a forma como o faz. Se não gostar do seu trabalho, diga francamente, não num tom de queixa, mas mostrando que está em busca de um emprego onde possa usar melhor o seu talento. Lamúrias e choramingos são insuportáveis. Se o homem fizer mais de três perguntas sobre seu trabalho, considere a missão cumprida e passe para outros assuntos, como interesses pessoais, família, etc. Falar sobre suas carreiras é o meio mais simples de iniciar uma conversa, mas, se passarem a noite inteira falando de trabalho, o encontro deixará de ser amoroso para se transformar num modo de ampliar a rede de contatos profissionais.

CADA PESSOA TEM UMA RELAÇÃO diferente com o dinheiro. Não imagine que o homem com quem está saindo lida com dinheiro da mesma forma que você. O tema finanças não deve ser abordado logo no início do relacionamento. Volto a repetir algo que considero importante: não julgue um homem pelo dinheiro que ele tem. Não seja interesseira! Esse comportamento demonstra superficialidade e os homens detestam se sentir usados. Quando você toca nesse assunto num primeiro encontro, das duas, uma: ou parecerá que está se exibindo ou que está com dificuldades financeiras.

Há meios de deixar que o outro saiba que você tem uma situação confortável sem precisar dizer uma palavra ou se exibir. Nunca discuta dinheiro ou declare o preço de algo durante a fase inicial do relacionamento. Evite tocar no assunto. Sempre que surgir a questão da conta – o total de uma refeição, o valor dos ingressos, o preço da gasolina, etc. –, demonstre generosidade e educação. Não importa se ele pagou um jantar de 200 reais ou um sorvete de 2 reais. Agradeça sinceramente.

Não deixe de propor dividir a conta, oferecer o vinho ou deixar a gorjeta. Se ele não aceitar, basta agradecer. Mas deixá-la pagar ou dividir a conta, logo nos primeiros encontros, não é um bom sinal. Pode significar que ele é sovina, está duro ou simplesmente não tem interesse em você – o que em nenhum dos casos é positivo. Se ele aceita que você deixe a gorjeta, pode ser um teste para ver se está disposta a contribuir.

Os homens são generosos quando decidem agir assim, e não porque é o que se espera deles. Irritam-se facilmente com mulheres que cobram generosidade. Isso logo faz tocar o alarme, alertando para a presença de uma mulher interesseira. Por isso, agradecer e oferecer alguma contribuição são fatores positivos. Muitas vezes a mulher ganha mais do que o homem com quem está saindo. Procure adequar-se ao padrão dele, mas, se quiser agradá-lo e convidá-lo para jantar, aja de modo discreto e natural. Os homens precisam sentir-se provedores e para alguns o fato de não terem condições de gastar dinheiro com uma mulher pode ser castrador. Valorize o homem que, apesar de dispor de poucos recursos, faz sacrifícios para planejar uma saída e agradeça com entusiasmo o que ele tem a lhe oferecer. É a forma que ele encontrou de agradá-la.

VOCÊ SÓ DEVE MANDAR TORPEDOS com informações absolutamente imprescindíveis, que não exijam diálogo – como "Estou atrasada", "Não poderei ir". O objetivo dos torpedos não é bater papo, mas as pessoas se esquecem disso. Você só deve mandar mensagens de texto para passar alguma informação importante ou fazer uma pergunta específica que possa ser respondida com uma única frase. Quando se trata do início de um relacionamento, é bastante difícil escrever algo criativo e genial num espaço tão limitado. Além do mais, a maioria dos homens não possui esse talento.

Na fase em que estão se conhecendo, mande o mínimo de torpedos possível. É fácil ser mal interpretada num texto e o simples fato de não haver resposta imediata pode enviar sinais errados. Uma regra geral que considero fantástica é não mandar mensagens de texto antes de terem feito sexo. A relação sexual cria alguma intimidade, e os dois se sentirão menos inseguros se um deles não for tão eloquente ou expansivo como o outro gostaria.

Essa regra também se aplica ao Facebook, Twitter ou qualquer outra comunidade on-line. É incontável a quantidade de homens e mulheres que nos falaram das conclusões erradas sobre pessoas com quem estavam saindo a partir de informações contidas nesses espaços. Sugerimos que, em toda e qualquer circunstância, você ignore o comportamento de alguém nas comunidades on-line. Insisto com veemência: ignore *e ponto final*. Imagine o que aconteceria se a pessoa com quem está saindo dissecasse cada mensagem, retrato ou comentário da sua página.

Os homens não confiam nos outros homens e qualquer interação entre você e outros homens vai gerar uma ameaça. Seu parceiro pode achar que você mantém as opções em aberto, que sai com vários homens ao mesmo tempo ou que está tentando provocar ciúmes. Se começar a namorar alguém, deixe isso claro nos sites que frequenta e encerre esse tipo de atividade.

SE VOCÊ É VICIADA EM CELULAR e passa o tempo todo enviando mensagens de texto para as amigas, é preciso agir diferente com seu parceiro. Observe a regra das três mensagens. Se precisar mandar uma, tudo bem, mande. Se não receber resposta, telefone. Quando ele atender, não mencione a mensagem ignorada e vá direto ao motivo do telefonema. Se não conseguir falar com ele, deixe um recado na caixa postal com o que quer dizer, mas, repito, não mencione a mensagem de texto ignorada. Se tiver urgência em falar com ele, mande outra mensagem de texto – sem mencionar a primeira. Em nenhuma hipótese deve enviar uma terceira mensagem caso ele não tenha respondido às duas primeiras. Telefone se for realmente urgente ou jogue fora o número do telefone dele e siga em frente. Nunca mande uma mensagem ofensiva. Existe uma razão para ele não responder, goste você ou não.

A última coisa que você pode querer é bancar a obsessiva, impaciente ou ansiosa. Ele pode estar muito atarefado; talvez estivesse ocupado quando recebeu o primeiro texto e se esqueceu de responder – ou simplesmente pode não estar a fim de você. Caso tenha deixado uma ou duas mensagens de voz, uma ou duas mensagens de texto, e ele não retornar em três dias, toque sua vida como se ele nunca tivesse existido. Antes, faça uma última tentativa, passando a bola para ele, mas sem agressividade ou tom de queixa. Não dê ultimatos. Não faça ameaças. No entanto, não feche a porta se ele não responder à sua última mensagem. Pode ser que ele esteja interessado, mas que exista alguma razão plausível para não ter retornado seus recados. Se fechar a porta, você jamais saberá. Se ele ressurgir com uma explicação razoável para a ausência de resposta, dê-lhe uma segunda chance – a última. Se isso voltar a acontecer, é porque você se envolveu com um homem problemático de quem vale a pena fugir para não se machucar.

AS MULHERES TÊM A TENDÊNCIA de oferecer um excesso de informações quando encontram um homem por quem se sentem atraídas. Isso em geral se deve ao nervosismo, ao excessivo interesse pelo homem ou porque acreditam que ele não vai julgá-las. Contudo, os homens sempre julgam as mulheres durante o estágio "estamos nos conhecendo".

Informação em excesso não é nada excitante. Se você contar toda a história de sua vida no primeiro encontro, ele vai achá-la insegura, egoísta, desinteressante ou que está querendo testá-lo para ver se ele a aceita tal como é. Por outro lado, quando um "sedutor profissional" vai logo contando a história de sua vida, normalmente ele está montando o palco para dar o bote. A desculpa número um das mulheres para não irem para a cama com um homem da primeira vez é: "Mas eu nem conheço você." Se ele já revelou a própria história, pode sair-se com a resposta: "Como assim? Você sabe tudo da minha vida." Se estiver lidando com um sedutor profissional, mantenha-o afastado do seu passado. Mande recados sutis de que não vai para a cama com ele na mesma noite, mas não seja muito óbvia. Pode dizer coisas como: "Estou me divertindo tanto com você... Ficaria até tarde batendo papo se não tivesse que acordar tão cedo amanhã para trabalhar." Não dê a impressão de estar seguindo uma regra da qual ele não é exceção: os homens precisam acreditar que são únicos. Se você não está interessada em ir para a cama com ele naquela noite, mas quer considerar a possibilidade no futuro, tem de agir de modo a que seu par não se sinta rejeitado – sobretudo depois de ele ter expressado claramente que a deseja. Faça-o sentir-se excepcional... mas não abra exceções. Nem todos os homems tentam levá-la para a cama usando essa estratégia; apenas tome cuidado com os que tentam. Procure compartilhar experiências, mas deixe claro que você não vai abrir a guarda nem contar muito de sua vida.

No entanto, se houver uma química instantânea, uma atração forte e a sensação de mútuo respeito e confiança, pode tirar as luvas de boxe. Faça o que tiver vontade. Mas nunca se esqueça do perigo que representa a pressa num relacionamento. Certifique-se de que vocês dois têm os mesmos objetivos. Talvez você esteja em busca de um relacionamento mais sério, enquanto ele quer apenas transar com você. Antes de qualquer intimidade maior, deixe claro o que espera do relacionamento.

Fica a pergunta: será que vale a pena envolver-se com um sedutor profissional?

A REGRA SOBRE EXCESSO DE INFORMAÇÃO também se aplica a seu perfil nos sites de relacionamento. Se você revelar cada detalhe de sua vida no perfil, ele não vai ter nada para descobrir a seu respeito! Algumas mulheres talvez pensem: *Se eu colocar tudo lá e mesmo assim ele me mandar um e-mail, é porque gostou de mim.* Errado! Os homens são criaturas visuais. A maioria olha apenas as fotos e, se gostar do que vê, vai ler rapidamente seu perfil buscando palavras-chave como *sexy, divertida, apaixonada,* etc. antes de lê-lo com atenção. Além da excitação que as fotos podem causar e das palavras-chave, ele vai considerar a quantidade de informações que você dá. Quando um homem entra num site, em geral olha dúzias de perfis ao mesmo tempo e, em média, não perde mais de alguns segundos por perfil. Se tiver que ler mais informações no seu perfil do que nos outros, perderá o interesse e passará para o seguinte. Inconscientemente perceberá que ler seu perfil requer muito trabalho e para ele isso significa que ficar com você vai exigir mais esforço do que com outras mulheres. Faça um perfil resumido: duas ou três frases, alguns tópicos e pegue leve nos detalhes pessoais. Deixe que o homem queira conhecê-la ao estilo antigo – ao vivo. Fale sobre sua profissão, sua família e sua vida só depois de encontrá-lo pessoalmente.

CONVERSA É DIÁLOGO, e não monólogo. Isso significa que conversa é uma via de mão dupla. Você não pode conhecer um homem se não deixá-lo falar. Então tente não monopolizar a conversa na primeira vez que sai com um homem. Observando a linguagem corporal dele é fácil perceber se está havendo uma perda de interesse. Caso isso aconteça, mude a marcha e entre no módulo entrevista. Mas tome cuidado para não transformar a conversa em interrogatório. Nos primeiros encontros, use a tática mais conhecida como "Não complique!". Faça perguntas leves, evite as complexas ou desafiantes. O papo pode facilmente descambar para uma discussão que deixará os dois na defensiva e distantes durante o resto do encontro. À medida que uma conexão forte for sendo estabelecida, vocês podem discutir assuntos mais provocantes e profundos. Em geral, quando um homem já está conquistado, perguntas instigantes são bem aceitas e até admiradas.

DEBATA QUALQUER ASSUNTO mantendo a mente aberta, sobretudo se entender pouco ou quase nada da questão que ele levanta. Não feche a cara, não mostre desinteresse e muito menos finja que domina o assunto. O mau humor o afasta e ele despreza a falsa cultura. É preferível admitir claramente que ignora o tema, mas que gostaria de saber mais a respeito dele. Peça informações ou esclarecimentos e escute com atenção. Os homens não esperam que as mulheres saibam tudo, mas gostam quando elas lhes dão a chance de informar e explicar. Eles gostam de impressionar uma mulher. Por isso, deixe-o exibir-se e aproveite para aprender sobre um tema até então desconhecido. Caso não fique impressionada, compreenda que ele está fazendo o melhor que pode. Em último caso, veja a experiência como um aprendizado enriquecedor. Do contrário, o homem vai achar que você é rígida, egocêntrica e limitada. Seja flexível e receptiva, não negativa e fechada.

NUM PRIMEIRO ENCONTRO, as responsabilidades dos homens e das mulheres são bem diferentes. Os homens devem dar o máximo de si para tornarem a experiência o mais divertida, descontraída e interessante possível. As mulheres devem empenhar-se para serem flexíveis, afáveis e positivas. Dessa forma, tanto o homem quanto a mulher tirarão conclusões sobre o outro com base em seus verdadeiros traços de personalidade e aparência. Se, apesar da tentativa dele em promover um encontro realmente divertido, algo fugir ao controle e der errado, não o condene por isso. Pense que ele deu o melhor de si para proporcionar-lhe uma saída agradável. Ele vai apreciar o fato de você ser uma pessoa compreensiva e de fácil convivência.

FAÇA A SI MESMA A SEGUINTE PERGUNTA: será que ele vai achar isso legal ou louco? Algo que você e suas amigas acham incrível pode ser para ele completamente absurdo. Então vá com calma até conhecer melhor seu parceiro e sentir-se bem à vontade com ele. Cuidado com as histórias que conta: elas podem fazer sucesso com seus conhecidos e assustar esse homem com quem você está iniciando uma relação. Por enquanto ele não precisa saber alguns detalhes a seu respeito. Não estou falando de excesso de informação, nem de que você não deva ser autêntica. Mas, repito: vá aos poucos, deixe-o conhecer suas qualidades e considerá-la uma pessoa equilibrada para depois contar suas "maluquices" – e quem não as tem? –, que o farão rir sem que ele a considere uma lunática.

Mamãe aconselha: "Se você disser a verdade da primeira vez, não vai precisar ficar se lembrando do que disse para não cair em contradição." Em geral, as mulheres nos perguntam: "Por que os homens mentem tanto?" E eu respondo que os homens acham mais fácil conseguir o que querem com uma mentira do que com a verdade. Se você desconfia que um homem não está sendo honesto com você, lembre-se de que a mentira em si é muito menos importante do que a razão pela qual ele está mentindo. Se ele vier com uma desculpa esfarrapada para cancelar um compromisso, se não ligar como prometeu ou inventar pretextos para evitar conhecer os seus amigos e a sua família, o mais importante é descobrir por que razão ele está agindo assim. Não o coloque na defensiva, acusando-o sem provas. Dessa maneira, ele nunca vai conseguir dizer a verdade, porque se sentirá intimidado. Tente apresentar alternativas para chegar à raiz do problema.

Lembre-se: a honestidade é sempre a melhor política. Por isso, se constatar que ele é um mentiroso compulsivo, encerre a relação.

SÓ PORQUE NÃO FAZ IDEIA do que está sendo dito isso não significa que você seja tola ou ignorante. Num grupo, principalmente com amigos do homem com quem está saindo, se alguém iniciar uma conversa sobre algum assunto que você desconheça por completo, demonstre interesse, mas não tente interferir. Possivelmente, a conversa vai mudar de rumo para um tópico que a deixe confortável ou você mesma pode desviá-la para outro assunto. Depois pesquise e informe-se, até mesmo com seu parceiro. Ele vai admirar sua honestidade e seu interesse. Mas nunca finja que está a par de algo que desconhece. Isso pode causar grandes constrangimentos se alguém pedir sua opinião sobre o assunto.

"A REPETIÇÃO ACABA COM O EFEITO DRAMÁTICO." Todo homem adora uma mulher que tenha objetivos na vida. Mas, por favor, não transforme isso no único tópico de conversa. Ter orgulho de suas realizações, dos prêmios e homenagens recebidos é justo, mas falar sem parar sobre o assunto é extremamente cansativo para o ouvinte. Não deixe que sua identidade se baseie em sua carreira ou em suas realizações. É importante ter vários interesses, inclusive lúdicos. Conte para ele o que você faz para se divertir. Não demonstre ser uma pessoa que valoriza apenas uma dimensão.

TOME CUIDADO com o que faz e com o que diz. Mamãe sempre aconselha: "Pare e pense antes de agir." Contenha sua impulsividade para não atrapalhar seu relacionamento. É bem possível que vocês tenham alguns amigos em comum e, sem querer, você pode fazer um comentário desagradável a respeito de alguém de quem ele gosta e respeita ou sobre uma questão que para ele é importante. É preciso conhecer muito bem o homem antes de abrir-se e emitir opiniões. Caso contrário, você corre o risco de arruinar um relacionamento que tem grande potencial. Seja também absolutamente verdadeira quando contar suas histórias. Se um homem pegá-la em uma mentira ou se achar que você está exagerando, deixará de confiar em você. E um homem que não confia em você, mas continua a encontrá-la, não vai esperar que você confie nele... E nem deveria.

O ENTUSIASMO É MUITO ATRAENTE, sobretudo se for autêntico. Os homens adoram mulheres animadas, capazes de se divertir em diferentes circunstâncias. Tenha paixão pelo que faz, energia para desempenhar o que é preciso, alegria com os sucessos e persistência na busca dos objetivos. Mas procure ser discreta, evite os excessos, para não desestimular o parceiro. Mantenha o equilíbrio, não imponha sua vontade, combine com ele os programas que os dois vão fazer e, eventualmente, abra mão do seu desejo. Seja o mais sincera possível, não finja nunca, pois ele vai perceber. Aprender coisas novas com entusiasmo e saber aproveitar a vida são atitudes importantes para manter um relacionamento. Você vai crescer como pessoa e vai ajudá-lo a crescer também.

Sexo

Preste bastante atenção antes de ir para a cama com alguém. Certifique-se de que vocês dois têm os mesmos objetivos antes de se tornarem íntimos. Você pode estar em busca de um relacionamento sério, enquanto ele só quer transar com você. Antes de partilharem uma intimidade maior, deixem claro o que os dois esperam do relacionamento. Sexo é uma questão extremamente pessoal, não existem duas pessoas com as mesmas experiências e visões sobre o assunto. Quando tratado de modo respeitoso e honesto, o sexo pode levar seu relacionamento ao próximo estágio e ajudá-la a construir as bases para uma relação duradoura. Se a intimidade acontecer rápido demais ou por motivos errados, é bem provável que venha a arruinar o relacionamento, causando feridas emocionais que inibirão futuras relações. Você é a única pessoa capaz de julgar qual é a hora certa para o sexo. Com reflexão, sem impulsividade.

Os HOMENS GOSTAM de mulheres sensuais, não vulgares. Uma mulher vulgar pode ser perfeita para uma noite, mas, se você estiver interessada num relacionamento duradouro, não seja vulgar. Ser sexy não diz respeito apenas à sua aparência, mas à sua atitude. É preciso ser segura, engraçada e acessível, e não andar quase nua. Trata-se de atrair um homem pela maneira como você se comporta e fala. Uma mulher sexy é acessível e deixa o homem saber que não há problema algum em aproximar-se dela. Repito: é possível ser sensual e sexy sem ser vulgar. Se você é o tipo de mulher que vai para a cama logo no primeiro encontro, ele não precisa convidá-la novamente para sair. Ceder com muita facilidade apenas vai desvalorizá-la e arruinar a excitação e a expectativa do seu par. Ele deve sonhar em ter intimidade com você quando chegar a hora certa, não quando ele quiser. A realidade é que nenhum homem vai querer apresentar aos pais uma garota vulgar. Lembre-se: os homens adoram a emoção da caça.

SE VOCÊ ACREDITA que fazer sexo com um homem significa passar automaticamente a ter uma relação monogâmica, é melhor checar primeiro com ele. Não presuma que o homem vá ser fiel, a não ser que vocês dois tenham de fato discutido o assunto. Ter essa conversa vai poupá-la de ambiguidade, frustração e raiva ao longo do caminho. Cabe à mulher exprimir e manifestar suas expectativas. Não dá para supor que ele sabe como você se sente, a não ser que lhe diga com todas as letras. Obviamente, isso não é um assunto que possa ser discutido no primeiro encontro, mas é uma conversa que deveria acontecer antes de você ir para a cama com um homem. Não há nada de errado em dizer: "Se vamos para a cama, eu espero que você não transe com mais ninguém." Entrar num relacionamento sexual é como assinar um contrato social. Deve ser discutido e ter o acordo de ambas as partes. Esse princípio não se aplica apenas às relações sexuais, mas a todos os aspectos do relacionamento. O que acontece com duas pessoas entre quatro paredes não é da conta de ninguém. Desde que haja mútuo consentimento e respeito, você pode fazer tudo de que gostar. Diálogo é a palavra-chave. Nenhum dos dois tem capacidade de ler a mente do outro. Por isso, não suponha que ele veja a situação do mesmo modo que você. Como homens e mulheres em geral veem as coisas de maneiras diferentes, é muito importante que ele compreenda exatamente quais são os seus objetivos. Isso não significa ser exigente, mas ser direta, aberta e sincera.

Por exemplo: você conhece um homem por quem se sente atraída e ele a convida para sair. Vocês se divertem muito no primeiro e no segundo encontros e, a essa altura, já conheceram alguns de seus amigos. Eles aprovaram a relação e as coisas parecem estar correndo às mil maravilhas. Vocês se falam sempre pelo telefone e ele parece interessado, mas vocês ainda não fizeram sexo nem conversaram sobre namoro. Agora, imagine que você tenha feito planos para sair com uma amiga na sexta-feira à noite e ela cancele na última hora. Você não entra em contato com o homem com quem tem saído e decide ir ao seu barzinho favorito (onde já esteve com ele) para se divertir. Ao chegar, o vê com outra. As emoções a invadem – mágoa, choque, decepção e raiva. A situação pode ser bastante constrangedora. O que você faz? Das duas, uma: pode simplesmente sair antes que ele a veja e, na próxima vez que o encontrar, perguntar o que ele fez naquela noite. Se ele a viu entrar, aproxime-se, cumprimente-o e apresente-se à mulher com quem ele está. Tudo com a maior cordialidade. Nunca se sabe... Ela pode ser uma colega de trabalho ou apenas uma amiga. Por mais difícil que possa parecer, não é possível culpá-lo por estar com outra, pois você ainda não lhe comunicou suas expectativas. Se o tivesse feito, a história seria totalmente diferente. Os homens precisam que essas informações sejam bem definidas. Se não quer que ele durma com outras, é necessário dizer! Então, se realmente gosta desse homem e acha que o relacionamento tem potencial, ainda não há motivo para romper. Converse com ele a respeito do assunto e seja bem clara sobre o que quer e o que espera. Com delicadeza, sem nenhuma queixa ou imposição. Diálogo, respeito e confiança são os alicerces de um relacionamento duradouro.

VOCÊ PROVAVELMENTE já ouviu esta frase: "Por que comprar a vaca se pode conseguir o leite de graça?" Na maioria das vezes ela é usada em relação a mulheres que estabelecem intimidade com muita rapidez ou se mudam para a casa dele antes de haver uma relação mais profunda. Gostamos de aplicar esse princípio em termos mais amplos: não dê nada rápido demais. É importante manter a expectativa no homem – faça com que ele deseje mais informações, mais sexo, mais tempo com você. Seu tempo é valioso. Não o dê de graça!

VOCÊ DÁ AS CARTAS até ir para a cama com um homem. Use esse tempo para definir os limites do seu relacionamento. Vá rápido ou devagar, desde que se sinta confortável. A mulher é que determina o ritmo do relacionamento, dependendo de seus objetivos e de cada situação. Pense no relacionamento como se fosse um carro: algumas mulheres são carros turbinados; outras, carros híbridos. Cada um tem seus prós e contras: o híbrido é mais lento, mas consome menos gasolina, é mais econômico e ecologicamente correto. O turbinado é mais bonito e possante, mas gasta mais gasolina, é mais barulhento e sua manutenção é mais cara. Os homens precisam saber qual é o tipo mais adequado para eles e escolher o percurso de acordo com o modelo. Seja qual for a decisão, se você for boa para os dois carros, eles serão bons para você. As mulheres precisam identificar o tipo de carro que são e não tentarem ser outro diferente. Se você é um híbrido e finge ser um turbinado, não vai chegar a lugar nenhum com seu namorado. Seja honesta consigo mesma, com seus objetivos e desejos. Lembre-se de não maltratar nenhum dos veículos, seja o seu ou o dele, pois isso pode causar danos irreparáveis.

Fazer sexo com um homem é uma decisão pessoal e depende de circunstâncias individuais. De qualquer modo, se quiser ser levada a sério, não deve ir para a cama com um homem sem que tenham construído antes uma base formada por diálogo, respeito e confiança.

Compreendo que as mulheres possuam seus desejos, mas não se esqueça de que é muito pouco provável ter um futuro promissor com um homem com quem vá para a cama logo no primeiro dia. Como os homens por instinto *querem* caçar as mulheres, você não deve encerrar prematuramente a excitação da caçada. Em geral, o objetivo é fazer sexo com a mulher o mais rápido possível. Isso tem a ver com o desejo de obter uma gratificação imediata e com a ideia de concluir logo algo que exige tempo, esforço e concentração. É por isso que a noção de fazer sexo com a mulher na noite em que se conhecem é tão gratificante. Eles gostam de sentir que derrotaram os outros homens e ganharam o prêmio com mais facilidade. Embora prefiram os relacionamentos fáceis, os homens não querem que as mulheres com quem se relacionam sejam fáceis.

Entretanto, você não deve estabelecer regras intransigentes e rígidas sobre quando ir para a cama com um homem pela primeira vez. Normalmente, a hora certa com alguém que acabou de conhecer não é no primeiro encontro, mas ter um cronograma muito rígido impedirá o fluxo natural do relacionamento. Como já disse, os homens adoram que as mulheres os façam sentir-se excepcionais. Às vezes, apenas deixá-los saber que você está a um passo de ser seduzida torna a expectativa e a excitação da captura bem mais estimulante. Deixe-se guiar pelos sentimentos e pela sua intuição e faça sexo apenas quando achar que é a hora certa.

Mesmo que se encontre em um momento da vida em que prefere ter um relacionamento a estar sozinha, não se entregue com impulsividade a qualquer um. Antes de fazer sexo com alguém, é melhor pensar se está pronta para dar esse passo. Por acaso ele é alguém com quem você pode se imaginar envolvida seriamente? O relacionamento tem chances de ser duradouro? Se a resposta for sim, siga em frente. E não desobedeça à sua intuição. Ela é sábia e a protege.

VOCÊ DEVE MASSAGEAR... o ego do seu homem. Os homens precisam se sentir especiais. Precisam sentir-se desejados *e* necessários, e para muitas mulheres isso é bem mais complicado do que parece. Quando um homem flerta, leva você para sair ou está fazendo qualquer coisa da qual se orgulhe (em particular, sexo), você deve reconhecer seu esforço e estimulá-lo positivamente. Você sempre precisa demonstrar quando está se divertindo e quando ele está fazendo algo que lhe agrada. Nunca aponte seus erros caso esteja indo rápido ou devagar demais, com pouca ou muita força. Simplesmente mude o curso da ação ou introduza estímulos positivos dizendo, "Posso tentar isso?" ou "É tão gostoso quando você..." Para os homems, sexo é uma experiência fantástica e intrinsecamente ligada ao ego. Os homens precisam acreditar que são ótimos na cama. Você não tem que fingir orgasmos, mas, se ele fizer alguma coisa que realmente a satisfaça, certifique-se de dar um retorno com um "é isso aí!". A comunicação sexual é um assunto delicado. A cama não é lugar para exageros ou sinais confusos, mas com a dose certa de encorajamento e participação você pode de fato tornar o momento melhor para os dois.

PENSE EM SEXO antes do relacionamento como se planejasse a venda de um carro de luxo. Como vendedora, a ideia é atrair o comprador certo. Para isso, coloque anúncios em toda parte divulgando seus carros e serviços e espere que o comprador ideal chegue logo. Se for uma vendedora sedutora e amigável, se tiver um estoque grande de mercadorias e um lindo salão, você despertará a curiosidade e atrairá compradores. Quando um comprador em potencial mostrar interesse por um de seus carros, você poderá autorizá-lo a fazer um teste-drive – mas jamais permitirá que corra na autoestrada a 140 quilômetros por hora ou leve o carro para casa. Se uma mulher fizer sexo com um homem antes de terem algum tipo de compromisso, ela nunca vai usar todos os meios de que dispõe. Em outras palavras, nunca faça de uma vez tudo o que faria naturalmente num relacionamento, ou ele não terá motivos para esperar nada mais. Confie em minhas palavras. Dominar a delicada arte da escolha da hora certa pode render dividendos pelo resto de sua vida amorosa.

O PASSADO SEXUAL das mulheres não excita os homens. Portanto, não fale de suas experiências anteriores. A maioria dos homens é inteligente o bastante para se dar conta de que você provavelmente não é virgem e, com toda a certeza, eles não querem saber em detalhes quanto você é experiente, nem em que circunstâncias adquiriu tanta experiência. Deixe-os acreditar que é um dom natural. Para o homem, é como se ele fosse o primeiro da sua vida. Você também não vai querer ouvir todos os detalhes das experiências sexuais dele. Confie em mim – ele realmente não quer saber das suas. A atitude mais inteligente, segura e sadia é ambos esquecerem o passado antes de fazerem sexo. Mesmo depois de terem ido para a cama com inúmeras mulheres alguns homens se sentem como se fossem virgens depois de fazer alguns exames e constatar que não têm nenhuma doença sexualmente transmissível. Sem dúvida, as mulheres não devem pensar da mesma forma. Não me pergunte o motivo, mas é diferente para homens e mulheres. Então lembre-se sempre de se prevenir, tomar cuidado e agir com responsabilidade.

Progresso

Você começa a transformar encontros esporádicos em um namoro depois de estarem saindo por tempo suficiente para saberem que querem se ver com mais frequência e concordarem em ser fiéis. Durante o estágio de aprofundamento da relação, você começa a apresentá-lo aos amigos e à família, viajam juntos, discutem sobre o futuro e investem mais tempo, energia e esforços no relacionamento.

É IMPORTANTE revelar-se com cuidado quando você está apenas saindo com alguém, mas na fase de aprofundamento da relação pode revelar-se mais livremente. No início, crie uma aura de mistério para despertar a curiosidade dele. Ele vai querer voltar a vê-la repetidas vezes para saber mais sobre você e sua vida. Não seja um livro totalmente aberto logo de saída. Mas, à medida que forem se tornando mais íntimos, você pode revelar detalhes quando estiver segura de que ele não fará julgamentos precipitados. Então você será capaz de compartilhar pormenores mais pessoais. Dar essas informações no momento certo é imprescindível para o aprofundamento da relação.

HOMENS NÃO DEIXAM amigos se envolverem com mulheres insuportáveis. Se você se mostra exigente, desagradável, agressiva ou hostil com os amigos do seu par, eles podem e vão jogá-lo contra você sem pensar duas vezes. Se os amigos dele dizem que não gostam de você ou que ele pode ter mulheres muito mais gostosas e simpáticas, isso provavelmente levará ao fim do relacionamento.

Homens e mulheres são iguais nesse aspecto: valorizam a opinião das pessoas mais próximas. Seja segura e amigável. Se, ao longo do tempo, descobrir que realmente não tem nada a ver com a turma dele, talvez ele não seja o homem certo para você. Se não gostar de um ou dois amigos de seu namorado, mas o relacionamento for importante o suficiente para você decidir conviver com eles, tente achar algo positivo nesses amigos e concentre-se nesses pontos. Você tem que encontrar alguma qualidade neles. Se não conseguir fazer isso, procure manter-se cordial. Porque, se rejeitá-los, vai colocar seu namorado numa posição difícil. Caso os amigos se deem conta de que você não gosta deles, farão o possível para envenenar seu parceiro e induzi-lo a terminar com você.

Não provoque tensão desnecessária num relacionamento ainda em progresso criando problemas com os amigos dele. E não espere que ele se livre dos amigos. Um homem vai amá-la se você se encaixar em seu grupo e todos puderem fazer programas juntos. É importante não prejudicar a harmonia do grupo. Pelo contrário, tente entrosar-se da melhor forma possível. Lembre-se do ditado "diz-me com quem andas e te direi quem és". Essa regra se aplica tanto a homens quanto a mulheres. Quando apresentá--lo aos seus amigos, lembre-se de que eles revelam quem você é. Seu parceiro vai pensar se deseja conviver com eles, ou mesmo estabelecer uma amizade, da mesma forma que você fez com os amigos dele.

Se você leva o relacionamento suficientemente a sério e quer apresentar seu namorado aos amigos e à sua família, precisa estar consciente tanto dos comentários que faz a respeito dele quanto das histórias que conta. Há assuntos que devem pertencer apenas ao casal e, se você os transmite, corre o risco de criar preconceitos ou falsas impressões que irão prejudicar sua relação. É importante manter o apoio das pessoas queridas. Faça o possível para falar positivamente de seu namorado para seus amigos e familiares, e vice-versa. Quando apresentá-lo, elogie as qualidades que mais aprecia nele.

Se está constantemente ao telefone com sua mãe queixando-se de todas as coisas ruins que seu namorado faz – sempre chega atrasado, não retorna suas ligações, etc. –, ela não vai gostar dele. O relacionamento entre vocês dois pode até estar indo bem e as qualidades dele superarem os defeitos, mas, se você só enfatizar o lado negativo, quem a ouvir não vai ter uma opinião favorável a respeito dele. Resolva os problemas com seu namorado, é o melhor e mais produtivo que pode fazer.

As mulheres têm a tendência de criticar mesmo quando o relacionamento vai bem. Então, caso se pegue agindo assim, lembre-se de concentrar-se nas qualidades e transmitir essa imagem a seus amigos e familiares. Não sabote a relação.

Também prepare o namorado para as pessoas que irá lhe apresentar. Tente tornar o encontro descontraído. Talvez seja difícil, mas procure não analisar tudo excessivamente. E evite complicar as coisas. Não fique interpretando tudo o que ele diz e fantasiando as piores hipóteses. Homens são diferentes de mulheres e as pessoas são diferentes entre si. Muitas vezes as perguntas e dúvidas mais difíceis têm as respostas mais simples. Seja prática na fase de aprofundar um relacionamento. Se ficar muito cheia de desconfianças, converse com alguém em quem confie ou recorra a um terapeuta. Mas não faça do seu namoro motivo de fofocas com as amigas e preserve a privacidade de vocês. Pode ter certeza de uma coisa: ele não faz isso com os amigos.

NÃO TIRE CONCLUSÕES PRECIPITADAS acerca do relacionamento e tente relaxar. Se ele vem se mostrando comunicativo, atencioso, confiável e desejoso de compartilhar suas experiências, parabéns! Tudo leva a crer que você se encontra no caminho certo. Se estiver sozinha há algum tempo e encontrar um homem que lhe parece fantástico e que demonstra interesse em encontrá-la mais vezes, evite pensamentos negativos como: *Isso é bom demais para ser verdade; aposto que deve ter alguma coisa errada*. Se ele se mostra sincero e correto, a pior atitude é demonstrar insegurança ou deixá-lo pensar que não confia nele.

NÃO PRESSIONE O PARCEIRO no início do relacionamento, fazendo planos a longo prazo. Falar de casamento e filhos não é uma boa ideia, a não ser que ele toque nesses assuntos. Caso contrário, respeite o ritmo dele, deixe a relação se aprofundar, para que ele não se sinta encostado na parede. À medida que forem se conhecendo melhor, detalhes sobre os planos para o futuro surgirão naturalmente. Enquanto isso, não tente forçar a barra.

A MAIORIA DOS HOMENS fica pouco à vontade com demonstrações públicas de afeto. Por isso, procure ser discreta diante dos outros. Certas exibições amorosas são vistas como totalmente inapropriadas. Não há problema em andarem de mãos dadas ou abraçados, mas qualquer atitude além dessas constrange os outros e constrange também seu parceiro. Se os espectadores começarem a gritar "Vão pro motel!", você vai saber que excedeu muito os limites.

NÃO SE LEVE MUITO A SÉRIO. Procure se incomodar menos com situações que a deixam constrangida ou sentindo-se mal. Aprenda a rir de si mesma. Se algo der errado num encontro ou em seu relacionamento, não é o fim do mundo. Tenha em mente que inúmeras pessoas já enfrentaram os problemas pelos quais você está passando, os superaram e sobreviveram. Música, respiração e relaxamento são, em geral, ótimas maneiras de encontrar conforto ao lidar com desafios emocionais que qualquer pessoa enfrenta quando está vivendo um relacionamento ou saindo dele.

APRENDA A DESAPEGAR-SE. Se um relacionamento em potencial não der certo, se o homem não ligar de volta ou decepcioná-la, aprenda a não dar tanta importância. Sei que não é fácil, mas é um exercício que vale a pena. Se você se concentrar na dor da perda ou se sentir desvalorizada porque um homem não correspondeu às suas expectativas, estará fechando as portas para encontrar alguém que a mereça. E não projete as experiências negativas de um relacionamento no próximo. Cada homem é diferente do outro. Se fizer isso, vai desestimular o novo parceiro. Não cobre dele um esforço maior para ajudá-la a superar os ressentimentos e amarguras da relação anterior. Será fatal para o relacionamento.

NÃO DISPENSE UM HOMEM só porque ele mora em outra cidade. Relacionamentos a distância podem funcionar, desde que os dois invistam mais na qualidade do que na quantidade de tempo que passam juntos. Aproveite ao máximo o tempo disponível, faça programas que normalmente não faria, mesmo que isso signifique passeios turísticos na cidade em que mora. Viajem para lugares que nenhum dos dois conhece. Além disso, existem inúmeros meios de comunicação capazes de manter vivos o diálogo e a troca de ideias entre duas pessoas, talvez de uma maneira mais profunda do que se vivessem na mesma cidade. Eventualmente, se o relacionamento for se tornando mais sério, um dos dois vai querer se mudar para a cidade do outro. Se houver desejo de um compromisso maior, discutam um plano de ação e façam o possível para que o relacionamento dê certo.

A NÃO SER QUE ELE lhe dê motivos para desconfiar, confie nele. Nada de paranoia! Os homens não gostam de se sentir vigiados. O ciúme demonstra insegurança e, em alguns casos, pode afastar o parceiro e abrir espaço para a entrada de outra pessoa. Mostre-se confiante, enfrente seus medos, não tire conclusões precipitadas. Se você tem razões legítimas para acreditar que ele está mentindo ou saindo com alguém, discuta o assunto com ele. Porque, de fato, o relacionamento pressupõe fidelidade. Mas não seja passiva, agressiva ou destrutiva. Se for o caso, proponha terminar a relação sem brigas. Se ele não aceitar, reafirme suas expectativas e diga, o mais serenamente possível, que só nessas condições é possível continuar. Os relacionamentos duradouros são baseados na confiança e na honestidade. Você tem que manter o diálogo aberto. E lembre-se: se quer confiar nele, não lhe dê nunca razões para não confiar em você.

NÃO FAÇA TEMPESTADE em copo d'água nem se exalte por fatos ocorridos no passado. Vença a curiosidade e resista ao impulso de ficar bisbilhotando, na internet ou no celular, as mulheres com quem ele saiu antes de conhecê-la. E também não guarde fotos ou lembranças de seus ex. Quando um relacionamento acaba e outro começa, você não precisa se livrar definitivamente de fotos, bilhetes e lembranças, nem esperar que ele o faça, mas deve colocá-los num lugar em que ele não os encontre – e o mesmo vale para ele.

Muitas mulheres, ao verem a foto da parceira com quem ele estava antes, começam a se comparar com ela e a imaginar mil coisas. Essa é uma receita certa para arruinar um relacionamento capaz de progredir. Não se compare à ex. Afinal, eles não estão mais juntos. Ele está com você. Combata as dúvidas e fantasias e respeite a história antiga do seu parceiro, assim como deve esperar que ele respeite a sua. Conheça seus limites para saber administrá-los da melhor forma e compreenda que lidar com as ex faz parte do processo de construção do relacionamento.

Não tenha dúvida de que seu namorado atual vai se comparar sexualmente com os antigos. Isso tem a ver com virilidade, potência e orgulho. É uma via de mão dupla, e ele vai enfrentar emoções semelhantes às suas. Quer um bom conselho? Não fale sobre os seus antigos relacionamentos, nem pergunte sobre os dele. Já que vocês estão começando uma experiência nova, trate-a com carinho e cuidado. Mesmo casais felizes e casados não querem ouvir histórias dos antigos companheiros de seus parceiros.

Procure ir se desligando emocionalmente das pessoas do seu passado para concentrar-se na relação atual. Quando se trata de ex-maridos, antigos companheiros ou alguém com quem você teve um outro laço duradouro que tenha deixado filhos, pensão ou propriedades em comum, a administração desses assuntos deve ficar absolutamente sob controle.

É importante ressaltar que agora vocês estão juntos e o que passou pertence ao passado.

Em qualquer relacionamento chega uma hora em que é preciso discutir certas questões para estreitar os laços entre o casal. O segredo para o sucesso é tratar as experiências negativas – apenas as imprescindíveis – da maneira mais positiva possível.

Enfatize o que aprendeu com suas experiências passadas e como elas a ajudaram a amadurecer. Cuidado com o que vai dizer, com o momento e com a forma como o fará. Parece trabalhoso, mas é fundamental. O único conselho que posso lhe dar é para confiar em sua intuição, no seu bom senso e não se deixar guiar por seus impulsos.

Se escolher o momento e a forma certa de abordar algum assunto, ele só se tornará um problema se você apresentá-lo como tal. Mesmo que esteja sofrendo de ansiedade, depressão, de dificuldades financeiras ou qualquer outro tipo de problema, se souber apresentá-los de forma adequada, provavelmente seu parceiro entenderá e se disporá a ajudá-la.

Mas, se você escolher a hora errada para dizer algo importante ou falar de maneira agressiva, o efeito pode ser oposto ao desejado e, em vez de aproximá-lo, é capaz de afugentá-lo. Você só deve revelar dados importantes quando acreditar que ele conseguirá lidar com eles. Mais uma vez, insisto: apresente os fatos de modo a enfatizar como eles fizeram você se conhecer e se tornar um ser humano melhor. Diálogo franco e sereno é o segredo para manter e aprofundar um relacionamento.

Religião e espiritualidade são temas muito delicados nas primeiras fases do relacionamento. Para tratá-los com segurança é preciso extrema cautela. Se o assunto surgir, fale de suas crenças ou de sua religião com tranquilidade e procure saber das dele. Não se trata de julgar, aprovar ou condenar, nem de desejar converter alguém. Apenas de se conhecerem melhor. Lembre-se: as crenças religiosas importam muito menos do que os valores concretamente vividos. São estes que vão fundamentar um relacionamento e fazê-lo progredir, e não a igreja que um ou outro frequenta. Caso tenham religiões diferentes, esforcem-se para concordar ou discordar mantendo o respeito mútuo. Volto a dizer: os dois não precisam ter as mesmas crenças religiosas, mas devem ter os mesmos valores, princípios e moral.

MUITAS VEZES A INTERVENÇÃO FAMILIAR pode prejudicar o início e o progresso do relacionamento. Se o homem não se encaixa nos padrões de sua família, isso pode se tornar um obstáculo intransponível. É importante compreender os valores do outro antes de haver um envolvimento maior, para evitar descobrir mais tarde a impossibilidade de uma união estável. Já fui testemunha de vários casos em que duas pessoas profundamente apaixonadas deixaram de se casar por causa de conflitos como discordância sobre o método de criar os filhos, desníveis socioculturais, forma de comemorar datas festivas, respeito às tradições, etc. Uma vez ultrapassada a primeira fase, quando começarem a levar o relacionamento a sério, você deve ser bem clara sobre possíveis obstáculos referentes à sua família. Se vocês se amam o suficiente, talvez seja possível acomodar a situação de modo a permitir que o relacionamento evolua. Superar obstáculos que envolvam as famílias também pode unir o casal se os dois decidirem lidar com as diferenças com respeito, sensibilidade e aceitação mútuos. De qualquer forma, será um relacionamento trabalhoso e sujeito a muitos riscos. Se não houver um profundo amor que consiga se manter em meio aos conflitos, talvez seja preciso desistir da relação.

SEMPRE ACEITEI O QUE MAMÃE ME DISSE: "Você nunca vai saber até ter seus próprios filhos." Se você é solteira e vai viver com alguém que tem filhos, lembre-se de que as crianças são a prioridade do seu parceiro. Se de vez em quando você discorda do modo como ele e a ex as educam, guarde sua opinião para si mesma, a não ser que perceba que os filhos dele correm risco. Não o critique como pai na fase de construção do relacionamento, mas não deixe de expor suas opiniões a respeito dos filhos que planeja ter. Como você encara a educação de uma criança? Sua visão é muito diferente da dele? Este pode ser um ponto de atrito capaz de gerar até uma separação. E preste atenção para que os filhos que vierem a ter não se tornem um empecilho para a construção de um relacionamento amoroso e feliz.

Muitas mulheres, depois do nascimento dos filhos, dedicam-se de tal forma a eles que se descuidam da aparência e não encontram tempo ou disponibilidade para prosseguir num clima de "namoro" com o marido. Se você já tiver um filho do primeiro casamento, busque o apoio de pessoas à sua volta para poder fazer programas com seu namorado, como uma escapada romântica, um final de semana prolongado ou, no mínimo, dormir fora de vez em quando. Os homens precisam saber que são importantes e desejados. Se for indispensável abrir mão de um programa porque precisa estudar com seu filho, mostre o quanto sente e faça seu namorado saber que irá encontrar tempo para compensá-lo.

Isso se aplica também a qualquer outra obrigação ou prioridade que possa perturbar um relacionamento saudável, como carreira, família, serviço comunitário, atividades extracurriculares, viagens, etc.

Mantendo e preservando

Antes de tudo, é preciso dizer que manter um relacionamento e preservá-lo é tão difícil quanto iniciá-lo. Você pode achar que a partir do momento em que já tem um compromisso assumido, não há mais motivo para preocupar-se. Mas está redondamente enganada. Se pensar assim, pode perder seu namorado bem mais rápido do que o conquistou. Manter a chama da excitação no relacionamento é fundamental para fazê-lo durar. Não considere seu parceiro como propriedade sua apenas porque conseguiu casar-se com ele ou porque moram juntos. Em vez disso, pense na sorte de estar vivendo um relacionamento saudável e feliz, e faça todo o possível para cultivá-lo a dois.

QUANDO VOCÊ ESTÁ vivendo qualquer tipo de relacionamento, controle-se ao máximo para evitar brigas. Respire fundo e procure acalmar-se antes de fazer ou dizer algo de que pode vir a se arrepender. Se fizer algum comentário maldoso, mesmo que se desculpe, ele deixará uma marca, sobretudo se o que disse insultou o orgulho, o ego ou a inteligência do seu parceiro. Você pode tentar consertar o estrago e pensar que está tudo bem, mas a mágoa permanecerá viva. Antes que uma briga assuma grandes proporções, dê um passo atrás e peça para retomarem o assunto quando os dois tiverem se acalmado. Dê-lhe um beijo e se afaste. Isso pode ser um pouco mais fácil para ele do que para você, pois as mulheres em geral querem discutir o problema e expressar suas emoções de imediato. Os homens em geral preferem apenas solucionar o problema e, se possível, evitar qualquer discussão emocional. Lembre-se de todos os pontos positivos da relação e dos motivos para amá-lo. Então talvez a necessidade de brigar não pareça tão importante. O fundamental nessas horas é manter o controle. Talvez ele perdoe sua agressão, mas dificilmente a esquecerá.

DIGA E REPITA COMO ele a faz feliz. Não importa se estão casados há 20 anos ou se é a primeira vez que sai com ele, diga sempre o quanto ele a deixa feliz. Quando fizerem amor, diga que ele é um amante fantástico. Talvez isso não seja totalmente verdade ou você não se sinta confortável com tal declaração, mas é sempre possível fazer algum elogio, como "Nossa, você é incrível!" ou "Quanto prazer você me dá!". Mesmo que já tenha repetido isso mil vezes, é o tipo de declaração que os homens adoram ouvir. Se você deseja manter o relacionamento excitante e saudável, colabore também. Nada motiva mais um homem do que "é isso mesmo, faz assim!" ou gemidos bem convincentes. Vai ser bom para os dois. É importante expressar o quanto você gosta de seu homem. Não aja de modo displicente, dando-lhe a impressão de que, como você já o considera propriedade sua, não é mais preciso empenhar-se. Você sabe muito bem que não gostaria que ele a tratasse assim.

EVITE TOMAREM RUMOS DISTINTOS. Em uma relação é preciso empenhar-se para encontrar pontos em comum e desenvolver gostos e atividades que unam o casal. Nem sempre isso é fácil, porque no correr da vida a ocupação com o desenvolvimento da carreira e o cuidado com os filhos podem absorver de tal forma que cada um segue seu rumo. Por exemplo, digamos que um casal se case jovem e logo tenha filhos. A mulher fica em casa tomando conta das crianças e das tarefas domésticas. O marido trabalha fora. Ela é a típica dona de casa. Ele também é devotado à família e o relacionamento gira sobretudo em torno dos filhos e de suas atividades. O casal imagina que quando as crianças crescerem e saírem de casa os dois terão tempo para usufruírem juntos a sonhada independência. Os anos passam. As crianças deixam o lar para cursarem a universidade, e o marido agora está louco para começar a planejar as viagens e fazer tudo o que deixaram de lado enquanto criavam os filhos. Mas a mulher se acostumou tanto com seu próprio espaço e ambiente que se mostra relutante em ir a qualquer lugar. Ela não é tão animada quanto na época em que se conheceram e de repente os dois se dão conta de que não têm mais quase nada em comum – exceto, é claro, os filhos. Esse é o tipo de situação que pode ser evitada se cada um procurar continuamente investir no relacionamento. Não é fácil quando se está ocupado com a carreira e com a criação dos filhos, mas é fundamental para que a relação dure e seja fonte de felicidade para os dois.

O SEGREDO PARA MANTER um relacionamento forte é usar a diplomacia antes de dar início à guerra. Façam tudo o que for necessário para sempre colocar o outro em primeiro lugar. Isso irá garantir a manutenção do amor e da felicidade na relação. Mas, para que isso funcione, ambos precisam pensar dessa maneira. Nunca tente superar seu parceiro – o amor não é uma competição nem uma queda de braço para ver quem vence. Pelo contrário, muitas vezes abrir mão do seu desejo ou de uma opinião menos importante para proporcionar felicidade ao outro é uma expressão de amor. Evite, a todo custo, qualquer discussão áspera. Isso apenas despertará insatisfação e ressentimento que, com o passar do tempo, irão levar ao fim da união. Lembre-se de que o relacionamento é uma construção a longo prazo. Procure sempre usar seu tempo e sua energia do modo mais positivo possível.

MINHA MÃE SEMPRE me ensinou que duas pessoas que vivem um relacionamento nunca devem dormir brigadas. Pode parecer um lugar-comum, mas é a pura verdade. Nunca terminem o dia ao som de palavras e gestos negativos. Mesmo que estejam zangados, lembrem-se de que se amam. Discussões podem se tornar bastante agressivas e assumir facilmente proporções exageradas. Cuidado para não dizer nada de que possa vir a se arrepender. Não perca seu tempo zangando-se. Como é muito mais fácil para as mulheres verbalizarem seus sentimentos e quererem resolver um problema, tome a iniciativa de fazer as pazes. Reafirme o seu amor e o seu desejo de harmonia e deixe para voltar ao assunto no dia seguinte, com mais calma. Pense que, se a briga durar, haverá um desgaste no relacionamento que irá, aos poucos, destruir o amor que os une.

EM ALGUM MOMENTO da vida todos nós sofremos algum tipo de rejeição. Procure não se deixar abater, aprenda com cada experiência e siga em frente. Isso fará de você uma pessoa melhor. Conheça o seu próprio valor para não ficar tão dependente da opinião e da ação dos outros. Há muitas pessoas que a amam e existe em algum lugar do mundo um homem que se sentirá abençoado quando encontrá-la! Quando isso acontecer, você perceberá que todo o esforço despendido ao longo do caminho valeu a pena.

Conclusão

Talvez os princípios e conselhos que demos neste livro pareçam excessivos. Mas, apesar de ser muita coisa para pensar, não é tão complicado. Namoro é treinamento. E a prática contínua é capaz de construir relacionamentos felizes. Se usar esses princípios, você aperfeiçoará sua vida amorosa – é só isso. Use as dicas que se aplicam a você, lembrando-se de que cada relacionamento, cada encontro, cada namoro é único e que em várias ocasiões e circunstâncias algumas dessas regras podem não servir. O importante é aprender a solucionar os problemas. Talvez você tenha facilidade em atrair os homens, mas, se a química não costuma durar além do terceiro encontro, se você sempre sofre decepções amorosas ou comete os mesmos erros repetidamente, então está fazendo alguma coisa errada, e só há uma pessoa capaz de corrigir o erro: *você*. Sempre que houver uma dificuldade, avalie seu comportamento, reflita sobre o modo como conduziu as coisas, o que falou, de que forma falou, e tente algumas de nossas dicas. Mude de atitude. Você não pode continuar agindo sempre da mesma maneira se quer obter resultados diferentes. Se não atrai os homens certos, mude sua estratégia, mude sua abordagem e mude os lugares que frequenta – mas *nunca mude sua essência,* quem você é de fato. Caso esteja enfrentando dificuldade em encontrar homens interessantes, comece a procurar em outros lugares. Por toda parte há homens que também estão em busca de uma parceira! Se você parecer acessível, se for alegre e espontânea na medida certa, pode ter certeza de que algum deles vai se aproximar para conhecê-la melhor.

A maioria das mulheres que vive relacionamentos felizes me conta que encontrou alguém quando menos esperava. Isso prova que vale a pena ficar mais atenta em situações em que normalmente não esperaria conhecer alguém especial. Talvez o homem ideal esteja bem debaixo do seu nariz. Ele pode estar na sua frente na fila do supermercado ou ser seu novo vizinho no prédio. Pode estar pedindo uma xícara de café a poucos passos, enquanto você lê este livro em sua lanchonete favorita. Por que eliminar de cara alguém, se ele pode ser o homem que a fará feliz? Apresentamos inúmeros casais que inicialmente pareciam relutantes em se conhecer e precisaram ser convencidos a saírem juntos. Passadas as primeiras dificuldades, perceberam que todos os preconceitos que alimentavam eram infundados e os relacionamentos floresceram. Não se fixe nas suas fantasias sobre o homem ideal, procure conhecer o que está ao seu lado. Apenas – e quero insistir nisso – seja você mesma no que tem de melhor. Sem exagerar e sem fingir.

É muito bom tentar se aprimorar antes de mergulhar em alguma relação mais séria, e os encontros são ideais para isso – sobretudo se você puder refletir e aprender mais sobre si mesma durante o processo. A melhor maneira de atrair um homem é empenhar-se constantemente em se aperfeiçoar de todas as maneiras possíveis, seja malhando, estudando, cuidando de sua carreira ou fazendo qualquer outra coisa que a ajude a desenvolver-se. Vai ser ótimo para você e, se agir assim, pode ter certeza de que vai se tornar muito mais atraente e interessante.

Gosto de pensar nos encontros, namoros e relacionamentos como em alguém olhando um presente de Natal antes de abrir o embrulho. Você e ele são presentes ansiosamente aguardados. A embalagem deve ser a mais bonita possível para despertar a curiosidade e aumentar a expectativa. Quando ele pegar o presente, sua mente vai estar acelerada, imaginando todas as coisas fantásticas que existem lá dentro. Tentará adivinhar o que tem dentro e vai adorar a excitação da espera. Quando enfim desembrulhar o presente, pode ficar animadíssimo com o que encontrou ou desapontado. O mesmo acontece com você. Ainda que não seja exatamente o que você esperava, valorize os aspectos positivos do presente, tenha curiosidade em conhecê-lo melhor. Procure aprender algo em cada relacionamento, mesmo que o homem vá embora de sua vida. Você sairá enriquecida e mais preparada para encontrar o parceiro com quem será capaz de construir um companheirismo amoroso.

Controle seus medos e tenha fé. Tente não deixar que suas inseguranças a impeçam de iniciar, desenvolver e manter um relacionamento sadio e feliz. Não se deixe influenciar pelas opiniões alheias, procure ser você mesma, sentir se esse é um homem que vale a pena conhecer melhor para estabelecer um relacionamento mais firme. Mas ouça o que têm a dizer sobre ele pessoas sábias e experientes em quem você confia e tire suas próprias conclusões. Não projete na nova relação traumas vividos em outras, como traições e mentiras. Cada pessoa é única e precisa ser descoberta como tal. É claro que há características, como falta de caráter, que impedem definitivamente uma relação feliz. Não hesite em romper se constatar isso e nunca insista em permanecer com um homem só porque tem medo de ficar sozinha. Esteja certa: a construção de uma relação saudável e de companheirismo exige um investimento permanente. Mas não tenha medo de se arriscar, pois enfrentar dificuldades e superá-las é fundamental para o seu crescimento.

Glossário

Amor (segundo JoAnn): amar significa estar disposta a doar-se ao outro, mesmo que isso exija sacrifícios. É sempre buscar a harmonia do casal e o bem do parceiro. Se está disposta a fazer dele sua prioridade, colocando-o acima de si mesma, então você está amando.

Amor (segundo Steve): amar é deixar o seu ego de lado e empenhar-se pelo bem do outro. Há vários níveis e dimensões de amor. Eu amo meus amigos e meus familiares, tenho um forte vínculo afetivo com eles, mas reconheço que o amor entre um homem e uma mulher que possuem em comum um projeto de vida tem uma dimensão, uma profundidade e um nível de exigência muito maiores.

Compromisso: é o desejo e a promessa de estar disponível para qualquer coisa que envolva a felicidade do outro.

Consideração: mostrar ao seu parceiro que você se preocupa com as necessidades dele e está disposta a abrir mão de suas prioridades por ele é respeitá-lo e considerá-lo.

A consideração se manifesta de muitas maneiras. Ligar durante o dia para saber como o outro está, avisar quando forem chegar atrasados, consultar o outro a respeito de qualquer decisão (desde o restaurante onde vão jantar até o bairro em que vão morar), ficar com as crianças para que o parceiro possa dormir um pouco mais, trazer flores só para dar alegria. Pode ser um gesto grandioso ou mínimo, mas é sempre um gesto e não meras palavras. A consideração se une ao diálogo para fortalecer o amor. Duas pessoas não podem manter um relacionamento amoroso sem consideração e sem o desejo de abrir mão de certas coisas em benefício do outro. O contrário da consideração é o egoísmo.

DESEJO: desejo é o impulso sexual, a atração física.

DESEJO X AMOR: os homens começam desejando uma mulher porque são eminentemente visuais e reagem à atração física. Construir um relacionamento baseado apenas no desejo, sem diálogo, respeito e confiança, resultará numa relação puramente física, sem vínculos afetivos mais sólidos. É preciso prestar atenção, porque desejo pode facilmente ser confundido com amor. Quando você deseja alguém e tem sexo imediatamente, o desenvolvimento da relação afetiva se tornará mais difícil. Não se pode construir relacionamentos saudáveis baseados apenas em sexo. Se o desejo vem à tona rápido demais e os dois se tornam íntimos com a mesma velocidade, você está deixando um homem colher os frutos de um relacionamento sem qualquer investimento emocional.

FAZER AMOR X FAZER SEXO: quando você faz sexo com um homem com quem construiu um relacionamento baseado no diálogo, no respeito, na doação e na confiança, você está fazendo amor com ele. Fazer apenas sexo não exige qualquer vínculo emocional. É um ato simplesmente voltado para o prazer. Para fazer amor, você precisa ter um vínculo afetivo com a pessoa e desejar o bem dela.

ROMANCE: o romance é muitas vezes considerado um catalisador para a relação amorosa. Os homens usam o romance para seduzir. Mandar flores, preparar um jantar à luz de velas, concentrar-se apenas na pessoa com quem se está, com o objetivo de criar um momento memorável, é romântico e pode ser bom se a intenção for aprofundar o relacionamento. Se for apenas uma estratégia para levar a mulher para a cama, sem considerá-la como pessoa, é um ato falso e egoísta.

VÍNCULO: é o que liga duas pessoas. Quanto mais sério ele for, mais fácil será superar os desafios e as crises inevitáveis em qualquer relacionamento. Esse vínculo é indispensável e pode tanto declinar e enfraquecer quanto fluir e fortalecer-se no decorrer do tempo. Manter um vínculo forte exige comprometimento e esforço permanente.

Sobre os autores

STEVE WARD é apresentador do reality show *Tough Love*, sucesso no canal VH1, e presidente da Master Matchmakers®, um serviço exclusivo de encontros fundado por sua mãe, JoAnn.

JOANN WARD, mãe de três filhos adultos, vive um casamento feliz e é fundadora e presidente da Master Matchmakers®, que vem unindo homens e mulheres solteiros, com sucesso, há mais de 20 anos. Participa frequentemente, como convidada, do programa *Tough Love*, no VH1.

Conheça outros títulos da Editora Sextante

Por que os homens amam as mulheres poderosas?

Sherry Argov

Você cancela todos os seus planos esperando um possível telefonema de um homem que acabou de conhecer? Tem a sensação de que, por mais que tente agradar seu parceiro, ele sempre parece distante ou desinteressado? Então, se você deseja construir um relacionamento estável, saudável e divertido – com esse homem ou com qualquer outro –, está na hora de mudar de postura.

Não é que você não seja suficientemente boa. É que você é boazinha demais. E não há nada mais enfadonho para um homem do que uma mulher que passa o tempo todo se esforçando para agradá-lo.

Se você se enquadra nesse padrão, não se desespere. Esse livro pode ajudá-la a dar uma guinada em sua vida amorosa. Com um texto envolvente, Sherry Argov criou um verdadeiro manual que vai fazê-la entender de uma vez por todas por que os homens amam as mulheres poderosas.

A partir de centenas de entrevistas, a autora descobriu as principais atitudes que diferenciam as mulheres boazinhas das poderosas e as reuniu nesse livro bem-humorado e transformador. Com histórias engraçadas e exemplos práticos, ela ensina tudo o que você precisa saber para deixar qualquer homem aos seus pés.

O que toda mulher inteligente deve saber

Steven Carter e Julia Sokol

Esse livro trata de um tema fundamental: a autoestima nos relacionamentos amorosos.

As mulheres inteligentes sabem que existem duas maneiras de aprender a lidar com os homens – uma fácil e outra difícil. O problema é que a maioria delas escolhe a segunda forma, passando por experiências que deixam cicatrizes, mágoas, raiva e insegurança.

O objetivo de Steven Carter e Julia Sokol é justamente ensinar um caminho mais simples – e menos traumático – para alcançar essa sabedoria.

Baseados em experiências de pessoas que, como nós, já investiram em relacionamentos que não deram certo, perderam noites chorando e esperando telefonemas que nunca receberam, eles dão valiosas dicas para que você evite os mesmos erros.

Qualquer mulher que tenha se apaixonado pelo menos uma vez na vida vai se reconhecer nessas histórias, rir de si mesma e descobrir que o amor verdadeiro é muito mais do que o coração disparado e pernas bambas.

O que toda mulher inteligente deve saber vai ajudar você a escolher relacionamentos que lhe permitam crescer e, sobretudo, tornar-se a pessoa mais importante de sua própria vida.

Desvendando os segredos da linguagem corporal
Allan e Barbara Pease

Não seria fantástico se fôssemos capazes de ler a mente das pessoas? Em *Desvendando os segredos da linguagem corporal*, Allan e Barbara Pease nos mostram que não é preciso ter poderes mágicos para decifrar a verdadeira intenção por trás de sorrisos, gestos e expressões faciais. Basta aprender a interpretar corretamente a linguagem do corpo, identificando os sinais que demonstram abertura, desprezo, atração, indiferença, mentira e muito mais.

Baseados em modernas pesquisas científicas, os autores nos ensinam a ler nas entrelinhas e a detectar as contradições entre as palavras e os gestos das outras pessoas, assim como a controlar os movimentos do nosso próprio corpo e usá-los para conseguir o que desejamos.

Esse é um livro esclarecedor, capaz de aumentar nossa capacidade de comunicação e de transformar completamente as nossas relações tanto profissionais quanto pessoais. Você vai aprender os segredos para causar uma boa primeira impressão e para se sair bem em entrevistas, negociações e encontros amorosos.

Ao terminar a leitura desse guia, você se sentirá como alguém que passou a vida inteira tateando dentro de um quarto escuro e, de repente, uma luz se acendeu e você passou a ver – e entender – tudo claramente.

Por que os homens fazem sexo e as mulheres fazem amor?
Allan e Barbara Pease

Homens e mulheres são e reagem de forma diferente, o que torna seu convívio difícil, muitas vezes áspero e gerador de ressentimentos.

Mas quais são as razões dessas diferenças e até que ponto elas podem ser superadas? Como aprender a lidar com elas e administrá-las para sermos felizes em nossos relacionamentos com o outro sexo?

Barbara e Allan Pease percorreram vários países e consultaram dezenas de cientistas para preparar esse livro sobre as diferenças entre os modos de pensar e agir de homens e mulheres. Investigaram as surpreendentes conclusões das últimas pesquisas sobre o cérebro, investigaram a Biologia Evolutiva, analisaram trabalhos de psicólogos, observando as transformações sociais e entrevistando centenas de pessoas.

O resultado está nesse livro que oferece um instrumento importante para, ao verificar e compreender as diferenças, estabelecer uma relação harmoniosa entre homens e mulheres, seja no casamento, na vida profissional, na forma de educar os filhos ou em qualquer campo do relacionamento humano.

Use esse livro como um instrumento de diálogo: leia-o ou comente-o com seus parceiros – conjugais e profissionais – e amigos, comparando as situações relatadas com as experiências vividas. Você vai ver como irá se formando uma consciência nova que se traduzirá em compreensão e tolerância facilitadoras do diálogo e da aproximação.

Projeto Felizes para Sempre
Alisa Bowman

Se você é casada, talvez já tenha pensado em se separar, imaginado os homens com quem se relacionaria quando voltasse a ser solteira ou simplesmente se perguntado onde estava com a cabeça quando disse "sim".

Aos 30 e poucos anos, Alisa Bowman vivia uma realidade parecida: estava insatisfeita, carente e sem a menor vontade de ir para a cama com o marido. Apesar de desiludida, ainda acreditava que podia voltar a ser feliz, então decidiu tentar de tudo antes de partir para o divórcio.

Munida de uma boa dose de paciência, ela se dedicou de corpo e alma a entender tudo o que havia de errado em sua relação. Refletiu sobre seu comportamento, identificou sua parte da culpa, passou a dar importância aos próprios desejos e necessidades e a admitir sua fragilidade.

Em *Projeto Felizes para Sempre*, Alisa abre seu coração e conta em detalhes como conseguiu transformar seu casamento fracassado em uma união feliz. Sem qualquer constrangimento, a autora aborda questões que muitas vezes fingimos ignorar, como a falta de sexo, a impaciência, a pouca intimidade, a crise com a chegada do primeiro filho, os problemas financeiros (principalmente quando é a mulher que ganha mais) e a solidão.

Com bom humor, ela nos conduz pela transformação do seu relacionamento e pelo reencontro consigo mesma. O resultado é um guia honesto e prático sobre como agir para tirar o casamento do fundo do poço. Leitura obrigatória para quem não acredita que pode se apaixonar novamente pelo parceiro que escolheu, esse livro mostra que, com amor e dedicação, qualquer sapo pode voltar a ser príncipe.

Conheça os clássicos da Editora Sextante

1.000 lugares para conhecer antes de morrer, de Patricia Schultz
A História – A Bíblia contada como uma só história do começo ao fim, de The Zondervan Corporation
A última grande lição, de Mitch Albom
Conversando com os espíritos e *Espíritos entre nós*, de James Van Praagh
Desvendando os segredos da linguagem corporal e *Por que os homens fazem sexo e as mulheres fazem amor?*, de Allan e Barbara Pease
Enquanto o amor não vem, de Iyanla Vanzant
Faça o que tem de ser feito, de Bob Nelson
Fora de série – Outliers, de Malcolm Gladwell
Jesus, o maior psicólogo que já existiu, de Mark W. Baker
Mantenha o seu cérebro vivo, de Laurence Katz e Manning Rubin
Mil dias em Veneza, de Marlena de Blasi
Muitas vidas, muitos mestres, de Brian Weiss
Não tenha medo de ser chefe, de Bruce Tulgan
Nunca desista de seus sonhos e *Pais brilhantes, professores fascinantes*, de Augusto Cury
O monge e o executivo, de James C. Hunter
O Poder do Agora, de Eckhart Tolle
O que toda mulher inteligente deve saber, de Steven Carter e Julia Sokol
Os segredos da mente milionária, de T. Harv Ecker
Por que os homens amam as mulheres poderosas?, de Sherry Argov
Salomão, o homem mais rico que já existiu, de Steven K. Scott
Transformando suor em ouro, de Bernardinho

INFORMAÇÕES SOBRE OS PRÓXIMOS LANÇAMENTOS

Para saber mais sobre os títulos e autores
da Editora Sextante,
visite o site www.sextante.com.br
ou siga @sextante no Twitter.
Além de informações sobre os próximos lançamentos,
você terá acesso a conteúdos exclusivos e poderá
participar de promoções e sorteios.

Se quiser receber informações por e-mail,
basta cadastrar-se diretamente no nosso site.

Para enviar seus comentários sobre este livro,
escreva para atendimento@esextante.com.br
ou mande uma mensagem para @sextante no Twitter.

Editora Sextante
Rua Voluntários da Pátria, 45 / 1.404 – Botafogo
Rio de Janeiro – RJ – 22270-000 – Brasil
Telefone: (21) 2538-4100 – Fax: (21) 2286-9244
E-mail: atendimento@esextante.com.br